Documento de Trabajo

Serie Unión Europea y Relaciones Internacionales
Número 157/2025

China a través de los BRICS:La reconfiguración del orden geopolítico global

Borja Álvarez Resa

El Real Instituto Universitario de Estudios Europeos de la Universidad CEU San Pablo, Centro Europeo de Excelencia Jean Monnet, es un centro de investigación especializado en la integración europea y otros aspectos de las relaciones internacionales.

Los documentos de trabajo dan a conocer los proyectos de investigación originales realizados por los investigadores asociados del Instituto Universitario en los ámbitos histórico-cultural, jurídico-político y socioeconómico de la Unión Europea.

Las opiniones y juicios de los autores no son necesariamente compartidos por el Real Instituto Universitario de Estudios Europeos.

Los documentos de trabajo están también disponibles en: www.idee.ceu.es

Serie *Unión Europea y Relaciones Internacionales* de documentos de trabajo del Real Instituto Universitario de Estudios Europeos

China a través de los BRICS:La reconfiguración del orden geopolítico global

CEU *Ediciones*
Julián Romea 18, 28003 Madrid
Teléfono: 91 514 05 73
Correo electrónico: ceuediciones@ceu.es
www.ceuediciones.es

Real Instituto Universitario de Estudios Europeos
Avda. del Valle 21, 28003 Madrid
www.idee.ceu.es

ISBN: 979-13-87860-08-0
Depósito legal: M-20097-2025

Maquetación: CEU *Ediciones*

Índice

INTRODUCCIÓN 5

CAPÍTULO 1. CREACIÓN Y EVOLUCIÓN DE LOS BRICS 9

1.1. Qué son los BRICS y cuáles son sus objetivos 9

1.2. Evolución de los BRICS y factores condicionantes en su surgimiento 14

CAPÍTULO 2. ASPECTOS ECONÓMICOS DE LOS BRICS 19

2.1. La importancia económica de los BRICS 19

2.2. La desdolarización y el papel de las instituciones financieras de los BRICS 21

    2.2.1. La desdolarización 22

    2.2.2. El Papel de las Instituciones y Mecanismos Financieros de los BRICS 28

2.3. Una divisa común BRICS 35

CAPÍTULO 3. FACTORES DE COHESIÓN Y DISGREGACIÓN EN LOS BRICS 37

3.1. Factores de cohesión 37

3.2. Factores de disgregación 38

3.3. Valoración de los factores de cohesión y disgregación e implicaciones para el futuro de los BRICS ... 46

CAPÍTULO 4. LOS BRICS EN LA ESTRATEGIA INTERNACIONAL DE CHINA 47

4.1. China: Líder de los BRICS 47

4.2. La Nueva Ruta de la Seda: Expansión e influencia en el Sur Global 48

4.3. Perspectivas de futuro en la reconfiguración del orden global 52

CAPÍTULO 5. LOS BRICS Y CHINA EN EL NUEVO ORDEN INTERNACIONAL 53

5.1. Implicaciones de la nueva era Trump 2.0 53

5.2. La Unión Europea en el nuevo orden global y su relación con los BRICS 56

5.3. El papel potencial de los BRICS como bloque en el nuevo orden internacional 60

    5.3.1 La relación entre los BRICS y el G7 y G20 61

5.4. Los BRICS como plataforma de influencia de China 62

CONCLUSIONES 64

BIBLIOGRAFÍA 67

ANEXO: ENTREVISTAS REALIZADAS 71

Introducción

Jim O'Neill, Jefe de Investigación Económica de Goldman Sachs en 2001, publicó un informe en el que analizaba cómo las economías de Brasil, Rusia, India y China estaban destinadas a liderar la economía global en el año 2050, dadas sus extraordinarias tasas de crecimiento. Aunque estaba orientado solamente al ámbito financiero, pronto el grupo adquirió una dimensión política y geopolítica. Dio origen así al acrónimo 'BRIC'.

Los BRIC nacen en 2009, formados en aquel momento por estos cuatro países. Un año después, en 2010, Sudáfrica se unió al grupo, dando paso a lo que conocemos como BRICS. A día de hoy, los BRICS están formados por un total de diez países, los 'BRICS Plus' –al grupo original se han incorporado recientemente Egipto, Etiopía, Emiratos Árabes Unidos, Irán e Indonesia–, que representan más del 25% del PIB mundial[1], cerca de la mitad de la población del planeta[2], y sus países y ellos como bloque son importante actores en los ámbitos de la política, el comercio, la defensa y la seguridad, los recursos y las materias primas, entre otros. Algunos de ellos, como China, India, Rusia o Brasil son muy influyentes a nivel regional.

Los BRICS persiguen distintos objetivos, pero el principal es contrarrestar la hegemonía occidental, principalmente de Estados Unidos, ya que perciben que el orden internacional y sus instituciones, como el Fondo Monetario Internacional, el Banco Mundial, o el Consejo de Seguridad de Naciones Unidas, llevan muchos años siendo dominadas por Occidente, y los países BRICS, en su función de representantes del Sur Global, consideran que no están suficientemente representados. Por ello, abogan por modificar las estructuras de gobernanza de las instituciones. Además, han creado importantes instituciones multilaterales propias, como el Nuevo Banco de Desarrollo de los BRICS. Otro de sus objetivos más ambiciosos es el de disminuir la importancia del dólar como la divisa hegemónica en los intercambios comerciales internacionales. Apuestan por incrementar el uso de las divisas locales, como el renminbi chino (RMB), la rupia india (INR), el rublo ruso (RUB), o el real brasileño (BRL).

Sin embargo, el grupo enfrenta problemas relacionados principalmente con las diferencias y tensiones que existen en el grupo: económicas (disparidades en las situaciones económicas individuales y en sus modelos económicos), políticas (confluyen democracias y regímenes autoritarios), geopolíticas (conflictos entre India y China o entre Etiopía y Egipto), o heterogeneidad en la respuesta ante eventos como la guerra de Ucrania.

Dentro de los BRICS, China es el país más importante, el claro líder. Esto se manifiesta en distintas dimensiones: a nivel político, económico, regional, militar y en la gobernanza de las instituciones multilaterales. China ve a los BRICS como un importante componente de su estrategia de política exterior, y a pesar de que los BRICS dependan más de China que China de ellos, las autoridades chinas son conscientes de la importancia capital que tiene el bloque para Pekín y para llevar a cabo sus objetivos de política exterior.

Pregunta de estudio e hipótesis

El creciente peso e influencia de los BRICS en el escenario internacional –impulsado principalmente por India y China–, está provocando una reconfiguración del orden global, en una dirección hacia un mundo cada vez más multipolar, reforzado a su vez por el rechazo hacia las políticas de la Administración estadounidense de Donald Trump.

La investigación se basa en la siguiente pregunta: "¿Cómo utiliza China a los BRICS para avanzar en su objetivo de reconfigurar el orden mundial históricamente liderado por Occidente, y hasta qué punto los BRICS tienen la capacidad de redefinir el orden global?"

---

1   Banco Mundial (*s.f.*). *GDP (current US$) - Brazil, Russian Federation, India, China, South Africa, Egypt Arab Rep., Ethiopia, United Arab Emirates, Iran, Islamic Rep., Indonesia, World*. World Bank Group. Disponible en: https://data.worldbank.org/indicator/NY.GDP.MKTP. CD?end=2023&locations=BR-RU-IN-CN-ZA-EG-ET-AE-IR-ID-1W&start=2015

2   Banco Mundial (*s.f.*). *Population, total - Brazil, Russian Federation, India, China, South Africa, Ethiopia, Egypt, Arab Rep., Iran, Islamic Rep., Indonesia, World*. World Bank Group. Disponible en: https://data.worldbank.org/indicator/SP.POP.TOTL?locations=BR-RU-IN-CN-ZA-ET-EG-IR-ID-1W

Las hipótesis principales del estudio son las siguientes:

1. China utiliza a los BRICS para avanzar en sus objetivos de política exterior, y aunque son importantes para China, los BRICS no son la única iniciativa empleada por China para conseguir ese fin.

2. China y los BRICS conseguirán debilitar parcialmente al dólar, reduciendo en parte su hegemonía, al utilizar en mayor medida divisas locales, principalmente el renminbi, pero el dólar mantendrá su posición de dominio en el futuro. Además, la idea de crear una divisa común entre los BRICS difícilmente va a poder hacerse realidad.

3. Las divisiones internas dentro de los BRICS seguirán aumentando, en cantidad y en intensidad, pero ello no comprometerá en última instancia la propia supervivencia del bloque, que eso sí, virará hacia un enfoque más ideologizado y politizado.

Las hipótesis encapsulan de manera concisa las líneas generales de la investigación y del futuro de los BRICS. A pesar de que los BRICS se encuentren en un proceso de evolución en la actualidad (las hipótesis en cierto modo están 'vivas'), la literatura existente y el análisis propio permiten ofrecer un análisis razonado, basado en argumentos sólidos y contrastados.

Plan de exposición

El trabajo se divide en cinco capítulos. A continuación, se describe resumidamente sobre qué trata cada capítulo:

– El primer capítulo analiza de un modo descriptivo qué son los BRICS y cuándo fueron creados. Sirve de contexto para comprender el objeto de la investigación. Se explica en qué consiste el grupo, qué países lo forman, los factores que condicionaron su surgimiento (como la crisis de 2008), y cuáles han sido los mayores acontecimientos que han condicionado la evolución y la posición actual de los BRICS en el mundo.

– En el segundo capítulo se analiza la dimensión puramente económica de los BRICS, que juega un papel importante y fundamental en la alianza. Se destaca la magnitud económica del grupo, aportando distintos datos que reflejan el poderío de los BRICS en este ámbito, y también se expone el concepto de la 'desdolarización', sustentado en el objetivo de debilitar el rol hegemónico del dólar. Por último, se discute la viabilidad de la creación de una divisa común BRICS.

– El tercer capítulo sirve para ilustrar cuáles son los factores que unen a los BRICS, es decir, de cohesión, y aquellos que los separan, o de disgregación. Los últimos son más numerosos que los primeros, pero no se deben obviar los factores que unifican a la alianza, algo necesario si quieren prosperar como bloque. Además, se ofrece una reflexión sobre el futuro y la estabilidad de los BRICS, comparando y valorando ambos grupos de factores.

– El cuarto capítulo se centra fundamentalmente en China, y en cuáles son las estrategias e iniciativas que ha puesto en marcha para ampliar su influencia y poder. Un ejemplo es la Iniciativa de la Franja y la Ruta, pero no es la única. Se destaca y explica el papel de China como líder de los BRICS, y se aportan unas perspectivas de futuro en relación con la reconfiguración del orden mundial.

– En el quinto y último capítulo se analiza cómo se sitúan China y los BRICS en el orden internacional. Es útil analizar cual ha sido la reacción occidental hacia el avance y el creciente peso e importancia de los BRICS desde su creación, fijando el enfoque en Estados Unidos en el nuevo contexto de la segunda Administración Trump, y en la relación con la Unión Europea, y cómo reacciona Bruselas, junto con los Estados Miembro que componen la Unión. Tras analizar las perspectivas de EE.UU. y de la UE, se dedica un espacio al papel potencial de los BRICS en el nuevo orden internacional multipolar, la manera en que se relacionan con dos foros muy importantes, como lo son el G7 y el G20, y por último, una de las ideas centrales de la investigación, que es estudiar a los BRICS como plataforma de influencia de China.

Metodología y fuentes

Para la elaboración de este trabajo, se ha optado por un enfoque deductivo, a través de la consulta de numerosas y diversas fuentes, tanto primarias (declaraciones oficiales de las cumbres BRICS, o *briefings* del Parlamento Europeo) como secundarias (artículos de *think tanks, papers* de instituciones de relevancia y prestigio, o artículos de revistas especializadas), para llegar a unas conclusiones finales que tiene como propósito dar respuesta a la pregunta de investigación y a las hipótesis planteadas.

También se han llevado a cabo cuatro entrevistas con expertos especializados en distintos ámbitos de este trabajo de investigación. Contar con la opinión de estos expertos ha contribuido a aportar una mayor riqueza y una diversidad de opiniones que han beneficiado al análisis en general. Dichos expertos son los siguientes:

1. Ángel Gómez de Agreda, piloto militar del Ejército del Aire de España y experto en análisis geopolítico. Fue agregado de Defensa en Seúl, Corea del Sur, y cuenta con experiencia profesional en países como Afganistán o Senegal. Actualmente, desempeña sus funciones como directivo empresarial en Doha, Catar, donde se dedica al desarrollo de negocio en la región de Oriente Medio.

2. Pablo Rupérez Pascualena, Director de Asuntos Europeos en Llorente y Cuenca (LLYC). Es profesor asociado en la Universidad CEU San Pablo y en la Universidad Pontificia Comillas. Economista y diplomático, fue Consejero en la Representación Permanente de España ante la Unión Europea, entre 2016-2021, y fue Asesor en la Dirección General del Español en el Mundo, y Director del Gabinete del Secretario de Estado para la Unión Europea en el Ministerio de Asuntos Exteriores, Unión Europea y Cooperación.

3. José Manuel Revuelta Lapique, economista y Doctor en Economía por la Universidad Autónoma de Madrid (*Summa cum laude,* 1979). Es también Técnico Comercial y Economista del Estado. Fue Presidente de Navantia entre 2012-2017, y Consejero Económico y Comercial en la Embajada de España en República Checa entre 2018-2022. A su vez, ha desempeñado funciones de directivo en grandes grupos empresariales como Cementos Portland Valderrivas, Repsol y PRISA. Por último, es miembro del Consejo Asesor de Equipo Económico y profesor universitario especializado en organismos internacionales.

4. Ramón Gascón y Alonso, experto en internacionalización de empresas, con una trayectoria de más de dos décadas en este ámbito, las cuales desarrolló principalmente en Asia. Es coordinador del Grupo Asia en el Club de Exportadores e Inversores Españoles, donde forma parte del Consejo Directivo. Ha ocupado puestos de alta responsabilidad en mercados internacionales como Rusia, África Subsahariana, China y Corea del Sur, incluyendo su labor como *Country Manager* en China y *Managing Director* en Corea del Sur. Ha desarrollado gran parte de su carrera en BBVA, donde llegó a ser Director en China y Director para Eurasia en el departamento de Asuntos Públicos. Además, ha ejercido un papel activo en diversas cámaras de comercio internacionales, siendo Presidente de la Cámara de Comercio Hispano-China, Vicepresidente de la Cámara de Comercio Europea en China y miembro del Consejo de la Cámara Europea en Corea del Sur.

Capítulo 1. Creación y evolución de los BRICS

Este primer capítulo analiza de modo introductorio en qué consisten los BRICS, qué países forman parte del grupo, su recorrido histórico y los principales eventos que han condicionado su evolución.

Este capítulo se divide en dos partes: la primera, que expone de modo objetivo qué son los BRICS y cuáles son los objetivos que persiguen y las motivaciones detrás de dichos objetivos; y la segunda, que realiza un análisis de su evolución, destacando los principales acontecimientos ocurridos, y los factores que condicionaron su establecimiento.

1.1. Qué son los BRICS y cuáles son sus objetivos

Los BRICS son el bloque o alianza compuesta por las principales economías emergentes a nivel global, cuyo principal objetivo es contrarrestar la hegemonía occidental a nivel internacional, y especialmente de Estados Unidos, como principal potencia hegemónica. El acrónimo proviene de las siglas de Brasil, Rusia, India, China y Sudáfrica.

Los BRICS son un conjunto informal de países que han evolucionado hasta convertirse en una organización intergubernamental. El término BRICS se refería originalmente a una agrupación de países con elevadas tasas de crecimiento económico que pretendían conseguir una mayor integración económica y geopolítica entre sus miembros.

No se trata de una asociación formal de países como pudiera ser la Unión Europea, ya que no cuenta con órganos de gobierno como una Asamblea, o un Secretariado. Más bien consiste en un bloque flexible de economías emergentes no-occidentales que coordinan sus esfuerzos diplomáticos, económicos y políticos en torno a su voluntad de contrarrestar el dominio de Occidente, de acuerdo con su percepción de la configuración del orden global.

Figura 1. Países miembros de los BRICS

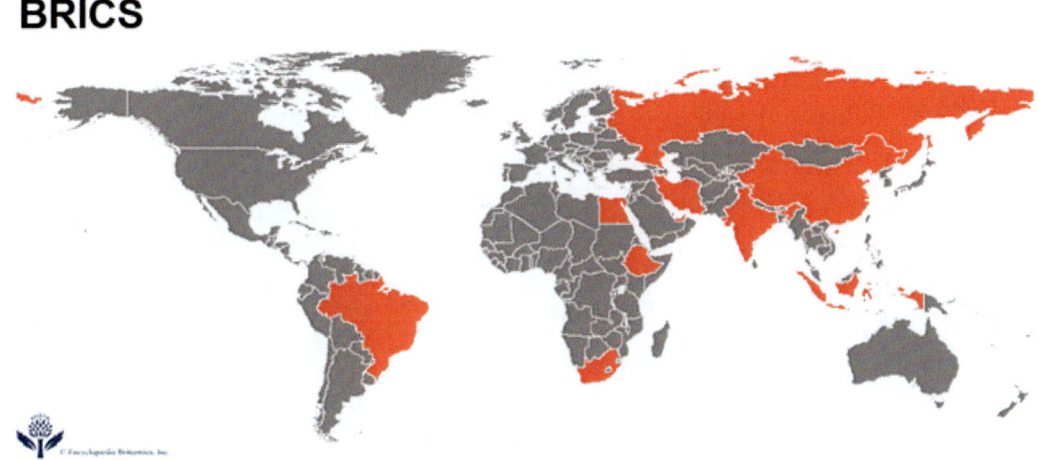

Fuente: Britannica (2025)

Tabla 1. Países fundadores de los BRICS; Nuevos miembros de los BRICS Plus; Países 'Socios' de los BRICS Plus; y países invitados a unirse a los BRICS Plus

BRICS Founders	BRICS+ New Members	BRICS+ Partners	Invited to Join BRICS+
Brazil	UAE	Belarus	Saudi Arabia (Pending)
Russia	Iran	Bolivia	Argentina (Rejected)
India	Egypt	Cuba	N/A
China	Ethiopia	Kazakhstan	N/A
South Africa	Indonesia	Malaysia	N/A
N/A	N/A	Thailand	N/A
N/A	N/A	Uganda	N/A
N/A	N/A	Uzbekistan	N/A

Fuente: Rao, P. (2025)

Los BRICS están actualmente formados por un total de diez países (los BRICS 'ampliados' también son conocidos como 'BRICS Plus'): Brasil, Rusia, India, China, Sudáfrica, Egipto, Etiopía, Irán, Emiratos Árabes Unidos (EAU) e Indonesia.

Existe la figura de 'Socio' BRICS Plus (*BRICS Plus Partner*), la cual fue creada en la Cumbre BRICS de 2017 en Xiamen, China. En la declaración emitida tras la celebración de dicha cumbre, se resaltaba lo siguiente: "[los BRICS] nos esforzaremos por establecer amplias asociaciones con las economías de mercado emergentes y en desarrollo y, en este contexto, adoptaremos prácticas e iniciativas flexibles y equitativas para el diálogo y la cooperación con los países no pertenecientes a los BRICS, incluso a través de la cooperación BRICS Plus".[3] Ser país socio de los BRICS Plus consiste en participar en diálogos, eventos y cooperaciones específicas con los demás socios y miembros de pleno derecho, pero sin tener poder de voto ni asumir las obligaciones completas que la membresía BRICS conlleva.

Es una diferencia muy importante con respecto a los miembros BRICS de pleno derecho, quienes sí cuentan con este derecho de voto en relación con las decisiones del bloque, participando plenamente en todas las estructuras y mecanismos del mismo, y por tanto, asumiendo todas las obligaciones que conlleva dicho estatus. Por tanto, podemos diferenciar a los países BRICS en tres categorías:

1. BRICS: Brasil, Rusia, India y China, junto con Sudáfrica. Son los cinco países 'fundadores' del grupo BRICS.

2. BRICS Plus (BRICS+): Los cinco anteriores, junto con Egipto, Etiopía, Emiratos Árabes Unidos, Irán e Indonesia, que se unieron al grupo entre 2024 y 2025. Son miembros de pleno derecho, al igual que los países BRICS originales.

3. Socio BRICS (*BRICS Partner*): Bielorrusia, Bolivia, Cuba, Kazajistán, Malasia, Tailandia, Uganda y Uzbekistán. La principal diferencia respecto de los miembros BRICS es que los socios no cuentan con el derecho de voto relativo a las decisiones de los BRICS. La figura de socio BRICS permite a muchos países acercarse al grupo y gozar de ciertos beneficios como la cooperación económica o el apoyo financiero no sujeto a una condicionalidad política, pero sin una integración plena en el grupo.

Los BRICS nacen en 2009 como 'BRIC': sus cuatro miembros originales eran Brasil, Rusia, India y China. En 2010, Sudáfrica se une al bloque, conformando el acrónimo BRICS. Catorce años más tarde, en 2024, se volvió a producir una ampliación en los BRICS, con la incorporación de Egipto, Etiopía, Irán y Emiratos Árabes Unidos. El último miembro de los BRICS, Indonesia, se unió recientemente a la alianza en enero de 2025.

Cabe destacar el caso de Arabia Saudí, que en 2024 dio su visto bueno a la idea de unirse al bloque, pero que sin embargo, sigue presentando dudas acerca de su integración dentro de los BRICS, por lo que aún no se ha unido formalmente.

---

3   BRICS (2017). *BRICS Leaders Xiamen Declaration*. BRICS 2017 China, p.3. Disponible en: http://www.brics.utoronto.ca/docs/170904-xiamen.pdf

Los BRICS fueron fundados bajo la premisa de que las instituciones internacionales –el Fondo Monetario Internacional (FMI), el Banco Mundial, o el G7– están dominadas por las potencias occidentales, y que dichas instituciones no estaban representando adecuadamente al Sur Global y a los países en desarrollo.

El bloque ha intentado, y continúa intentando, coordinar las políticas económicas y diplomáticas de sus miembros, fundar nuevas instituciones financieras, y reducir su dependencia frente al dólar.

Sin embargo, los BRICS han sufrido divisiones internas sobre diversos temas, incluyendo las relaciones con EE.UU., la reacción hacia la invasión de Ucrania por parte de Rusia, o conflictos internos como la disputa fronteriza entre India y China en el Himalaya. Mientras tanto, su número de miembros crece, incrementando su prestigio y generando nuevas tensiones.[4]

Se comienza a hablar de este conjunto de economías emergentes en 2001, cuando Jim O'Neill, por entonces Jefe de Investigación Económica de Goldman Sachs, introduce el acrónimo 'BRIC', en el informe *Building Better Global Economic BRICs*[5]. Por entonces, solamente se mencionaba a Brasil, Rusia, India y China; O'Neill argumentaba que el crecimiento de estas cuatro economías estaba destinado a desafiar la dominancia de las economías ricas del G7[6].

Los BRICS se reúnen anualmente, siendo rotatoria la presidencia del bloque, y celebrando sus cumbres BRICS (*BRICS Summit*). En 2025, Brasil asumió la Presidencia de los BRICS, cuya cumbre tiene lugar en Río de Janeiro entre el 6 y el 7 de julio. En 2024, Rusia asumió dicha función, celebrando la cumbre de Kazan, que tuvo una gran importancia.

Los BRICS incluyen a la segunda mayor potencia económica a nivel global (China), a los dos países con mayor población (India y China), a dos miembros del Consejo de Seguridad de Naciones Unidas (China y Rusia), y a importantes líderes regionales (Brasil en América del Sur, y Sudáfrica en África). Además, dada la reciente expansión, los BRICS han incorporado a importantes actores en el sector energético, y más concretamente en el de los combustibles fósiles, en el caso de Irán o de Emiratos Árabes Unidos.

---

4   Ferragamo, M. (2024). *What is the BRICS group and why is it expanding*. Council on Foreign Relations. Disponible en: https://www.cfr.org/backgrounder/what-brics-group-and-why-it-expanding#:~:text=The%20countries%20that%20comprise%20BRICS%E2%80%94which%20stands%20for%20Brazil%2C,to%20increase%20their%20sway%20in%20the%20global%20order

5   O'Neill, J. (2001). *Building Better Global Economic BRICs*. Nueva York: Goldman Sachs. p. 3. Disponible en: https://www.goldmansachs.com/pdfs/insights/archive/archive-pdfs/build-better-brics.pdf

6   Ferragamo, M. (2024). *Op. cit.*

Figura 2. Producto Interior Bruto (PIB) en Paridad de Poder Adquisitivo(PPA) de las principales economías del mundo en billones de dólares (2024)[7]

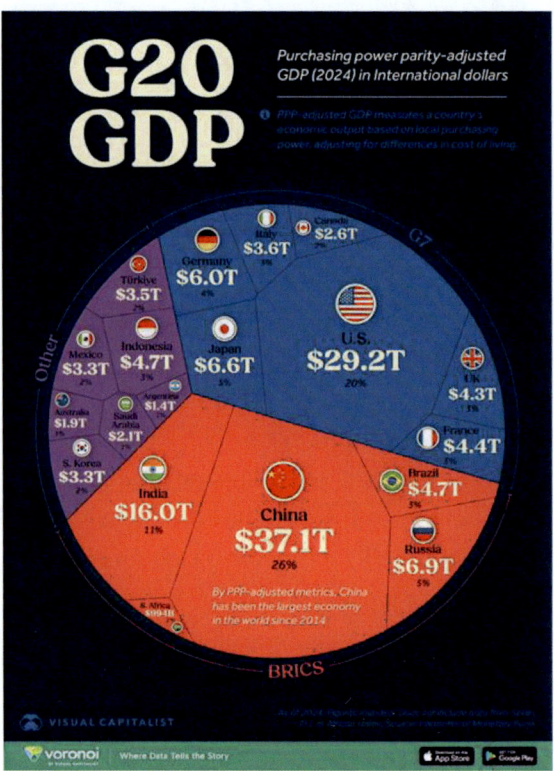

Fuente: Rao, P. (2025)

Como podemos apreciar en la figura 2, en términos de paridad de poder adquisitivo (PPA)[8], China es la principal economía del mundo. Si hacemos una comparación entre los bloques económicos, el PIB del bloque BRICS representa un total de c. 65,7 billones de dólares, mientras que el G7 alcanza los 56,7 billones de dólares. Es decir, que el PIB de los BRICS, en PPA, es un 15,8% superior al del G7.[9]

Los BRICS son actualmente uno de los bloques económicos más importantes del mundo. Suponen una cuarta parte del Producto Interior Bruto (PIB) mundial (los BRICS Plus representan el 29% de la economía mundial)[10], y más del 40% de la población del planeta (los países BRICS albergan un total de 3.300 millones de personas[11]). Además, los BRICS han visto incrementada su influencia económica a lo largo de las últimas dos décadas.[12]

7   Cantidades expresadas en la figura en trillones americanos, equivalente a billones europeos.

8   Analizar el PIB en términos de PPA (paridad de poder adquisitivo) implica ajustar el PIB de un país por las diferencias de precios entre países, permitiendo comparar de un modo más preciso la capacidad adquisitiva de una economía. Refleja de un mejor modo la capacidad económica real y el nivel de vida en un país.

9   Rao, P. (2025). *Charted: How BRICS stacks up against the G7 economies*. Visual Capitalist. Disponible en: https://www.visualcapitalist.com/charted-how-brics-stacks-up-against-the-g7-economies/

10   *Idem.*

11   Feingold, S. (2024). ¿Qué son y para qué sirven los BRICS? Esto es lo que hay que saber sobre el bloque internacional. World Economic Forum. Disponible en: https://es.weforum.org/stories/2024/11/que-son-y-para-que-sirven-los-brics-esto-es-lo-que-hay-que-saber-sobre-el-bloque-internacional/

12   Naciones Unidas (2023). *BRICS Investment Report*. Naciones Unidas. p.5. Disponible en: https://unctad.org/system/files/official-document/diae2023d1_en.pdf

Figura 3. Proporción de PIB, población, producción de petróleo y exportaciones de bienes globales de los países BRICS y BRICS Plus

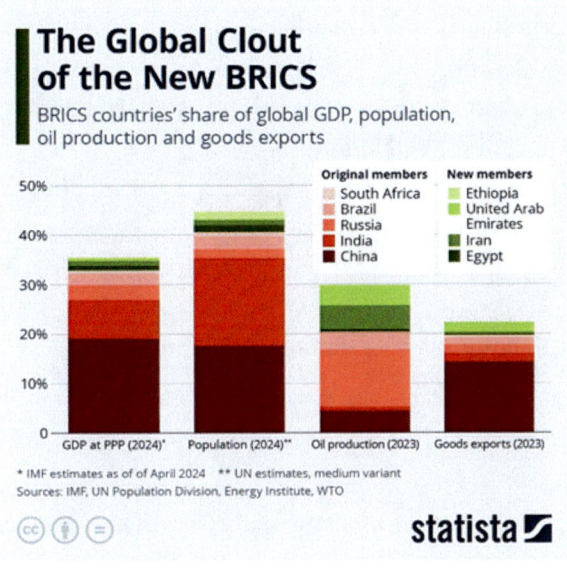

Fuente: Feingold, S. (2024)

Los BRICS, con la incorporación de importantes productores y exportadores de petróleo, como Irán o Emiratos Árabes Unidos, ganan poder en términos energéticos, y por tanto, en términos estratégicos, en cuanto a poder negociar con otras economías más poderosas en bloque (con las del G7, por ejemplo).

Desde que O'Neill acuñara el término 'BRIC' en 2001, el bloque se ha expandido y su peso e influencia han aumentado notablemente. A pesar de que su carácter sea informal, el foro ha desarrollado un carácter más institucional, tanto a través de un elevado nivel de interacción política, como con la creación de instituciones financieras como el Nuevo Banco de Desarrollo (NBD), o el 'Acuerdo de Reservas Contingentes', (CRA, por sus siglas en inglés).

Los objetivos de los BRICS se pueden dividir en cuatro áreas:

– Mayor representación en las organizaciones multilaterales: Una de las principales reclamaciones de los BRICS es que no se sienten representados de un modo suficiente en estas organizaciones. Los BRICS buscan establecer un grupo unido de economías emergentes en las instituciones multilaterales, reformando las instituciones existentes. Por ejemplo, expandiendo el Consejo de Seguridad de Naciones Unidas y formando un bloque de negociación dentro de esas instituciones.

– Coordinación de las políticas económicas: La crisis de 2008 tuvo un importante efecto en los países BRICS. Como respuesta, el grupo enfatizó la coordinación económica en asuntos como las políticas arancelarias, las restricciones a la exportación de recursos críticos, y las inversiones.

– Reducción de la dependencia con el dólar: Los líderes de los BRICS llevan tiempo apoyando la desdolarización en favor de un aumento del comercio en divisas domésticas. Se ha llegado incluso a debatir la idea de crear una divisa común BRICS.

– Creación de un sistema financiero alternativo: El NBD y el CRA fueron creados como respuesta al Banco Mundial y al Fondo Monetario Internacional. Los miembros de los BRICS desean que las entidades de crédito alternativas fortalezcan la cooperación Sur-Sur y reduzcan la dependencia de las fuentes de financiación tradicionales.

Como explica Vidal-León, "los BRICS constituyen actualmente una organización informal de países que buscan construir en conjunto una plataforma de cooperación en una gran variedad de ámbitos, mientras que restan importancia a las diversas diferencias entre sus miembros".[13]

---

13   Vidal-León, C. (2017). *The BRICS: A Very Short Introduction by Andrew F. Cooper.* Cambridge: Cambridge University Press, p. 566.

1.2. Evolución de los BRICS y factores condicionantes en su surgimiento

El término BRICS fue empleado por primera vez en 2001 por Jim O'Neill, economista de Goldman Sachs, para describir las cuatro economías –Brasil, Rusia, India y China– que podrían liderar la economía global en el año 2050 si su crecimiento se mantuviera constante en el tiempo.

El origen de los BRICS como agrupación política y económica tiene su origen en una iniciativa rusa. El 20 de septiembre de 2006, a propuesta del Presidente de la Federación Rusa Vladimir Putin, se celebró la primera Reunión Ministerial BRIC, al margen de la Asamblea General de Naciones Unidas, en Nueva York. En este encuentro participaron los ministros de Asuntos Exteriores de Rusia, Brasil y China, junto con el Ministro de Defensa de India, quienes expresaron su interés por expandir la cooperación multilateral.

Este fue el primer paso formal hacia la institucionalización del bloque, hasta entonces una categoría económica sin una configuración definida.

El proceso continuó avanzando, cuando el 9 de julio de 2008, el Presidente ruso Dmitry Medvedev se reunió con sus homólogos de Brasil (Lula da Silva), India (Manmohan Singh) y China (Hu Jintao), al margen de la Cumbre del G8 en Hokkaido, Japón, de nuevo por iniciativa rusa. Este encuentro fue la antesala de la primera Cumbre BRIC, celebrada el 16 de junio de 2009 en Ekaterimburgo, Rusia. En dicha reunión, los cuatro países establecieron los objetivos fundamentales de los BRIC, a través de un comunicado conjunto: "promover el dialogo y la cooperación entre nuestras naciones de forma progresiva, proactiva, pragmática, abierta y transparente. El diálogo y la cooperación de las naciones BRIC conduce no sólo a servir los intereses comunes de las economías de mercado emergentes y países en desarrollo, sino también a construir un mundo armonioso de paz duradera y prosperidad común"[14].

En esta primera cumbre, los BRIC se presentaron ante el mundo como una iniciativa de cooperación Sur-Sur, con un enfoque multipolar y no-intervencionista del orden internacional. Además, abogaron por la creación de una nueva moneda de reserva global como contrapeso al dólar.[15]

La evolución del bloque continuó en 2010, cuando Sudáfrica fue invitada a unirse –por iniciativa de China –, participando por primera vez en la Cumbre de 2011, celebrada en Hainan, China. Con su incorporación, el acrónimo pasó de llamarse BRIC a BRICS, reflejando un cambio hacia una agrupación más inclusiva, trascendiendo el enfoque puramente económico inicial para pasar a abarcar a líderes regionales emergentes. En la cumbre de Hainan se acordaron los principios rectores del grupo, en línea con la Carta de las Naciones Unidas: "apertura, pragmatismo, solidaridad, oposición a los bloques y neutralidad frente a terceros".[16]

A lo largo de los años, el modelo de celebración de cumbres anuales ha servido como plataforma para abordar los problemas económicos más acuciantes, y para fortalecer la cooperación en áreas como el comercio o las finanzas.

Un hito importante ocurrió en la Cumbre de 2012 de Nueva Delhi, India, donde, tras criticar al FMI y al Banco Mundial, los BRICS propusieron la creación del Nuevo Banco de Desarrollo (NBD), inicialmente llamado "Banco BRICS". Comenzó a operar en julio de 2014 con un capital autorizado inicial de 100.000 millones de dólares, aportado por los cinco miembros fundadores, que poseen una participación igualitaria en su capital[17]. El NBD tiene como objetivo financiar proyectos de desarrollo en las economías emergentes. No obstante, ser miembro del NBD no implica pertenecer a los BRICS.

Paralelamente, en 2014 se lanzó el Acuerdo Contingente de Reservas (CRA), diseñado para proporcionar liquidez a los países miembros en momentos de tensión económica, sin requerir aportaciones igualitarias de capital, como sí ocurre en el caso del NBD.

---

14   BRICS Portal (*s.f.*). *History of BRICS*. Infobrics. Disponible en: https://infobrics.org/page/history-of-brics/

15   Britannica (2025). *BRICS*. Britannica. Disponible en: https://www.britannica.com/topic/BRICS

16   BRICS Portal (*s.f.*). *Op. cit.*

17   Britannica (2025). *Op. cit.*

La segunda ampliación del bloque fue anunciada en la Cumbre de 2023 de Johannesburgo, Sudáfrica, con la admisión de Arabia Saudí, Argentina, Egipto, Emiratos Árabes Unidos (EAU), Etiopía e Irán como nuevos miembros. En enero de 2024, Egipto, EAU, Etiopía e Irán se convirtieron en miembros oficiales. Por el contrario, Argentina, tras la llegada al poder de Javier Milei en diciembre de 2023, decidió no integrarse en el bloque para priorizar su política de acercamiento a EE.UU. y a Occidente. Arabia Saudí, por su parte, tampoco se ha unido formalmente, generando dudas respecto a su potencial incorporación en el futuro. Por último, en enero de 2025, Indonesia se unió a los BRICS.

Es complejo determinar una fecha exacta en el nacimiento de los BRICS, ya que no hay una como tal. Su desarrollo desde la reunión informal de 2006 hasta las cumbres anuales a partir de 2009 refleja una transición hacia una entidad con personalidad institucional y política. Los BRICS han evolucionado desde un concepto económico hasta un bloque político y económico que busca representar los intereses de las economías emergentes y fomentar la cooperación global en un marco de igualdad y no-intervención.

No existe un proceso formal para solicitar la adhesión al grupo, pero los Estados candidatos deben ser aprobados mediante unanimidad por el resto de los miembros.

Entre los diversos factores que condicionaron el nacimiento del bloque BRICS destacan:

– La crisis global de 2008 fue probablemente el más determinante, cuyo origen tuvo lugar en Estados Unidos. La situación política y económica provocada por la crisis llevó al surgimiento de una 'confederación' de potencias regionales, particularmente dentro del conjunto de las economías en desarrollo, como respuesta.

– La crisis y la posterior recesión expusieron las deficiencias y la fragilidad del sistema financiero internacional dominado por las potencias occidentales. La intensidad de las consecuencias económicas derivadas de la crisis reveló la subrepresentación de los países en desarrollo y generó un sentimiento compartido de que las opiniones de estos países no se tomaban en cuenta en las instituciones financieras globales, como el FMI y el Banco Mundial.

La crisis expuso las deficiencias y la fragilidad del sistema financiero global liderado por Estados Unidos. Como consecuencia de ello, la importancia de los países BRICS dentro de la estructura de gobernanza mundial ha aumentado, al compartir un sentimiento común de aislamiento. Se han enfrentado por solitario a la hegemonía occidental en diversos asuntos:

– Rusia y China han confrontado la hegemonía occidental en el Consejo de Seguridad;

– Brasil se ha enfrentado a EE.UU. en el Área de Libre Comercio de las Américas (FTAA, por sus siglas en inglés).

– India ha mostrado su descontento en varias ocasiones a causa del apoyo occidental a Pakistán, uno de sus principales rivales.

– Sudáfrica ha defendido su postura de soberanía contra las injerencias occidentales en Zimbabue[18].

Estas experiencias compartidas unen a los BRICS.

La crisis impactó con mayor intensidad en Estados Unidos y la Unión Europea, mientras que las economías de Brasil, Rusia, India y China mostraron una mayor resiliencia y registraron notables tasas de crecimiento económico. La disparidad generada manifestó un cambio de tendencia en el equilibrio de poder global, y generó un atractivo hacia las economías emergentes con el que no contaban previamente.

---

18   Chakraborty, S. (2018). *Significance of BRICS: Regional Powers, Global Governance, and the Roadmap for Multipolar World.* Emerging Economy Studies - SAGE Publications. p. 4. Disponible en: https://journals.sagepub.com/doi/epub/10.1177/2394901518795070

Gráfico 1. Tasas de crecimiento del PIB de los países BRICS, en porcentaje (2009-2013).

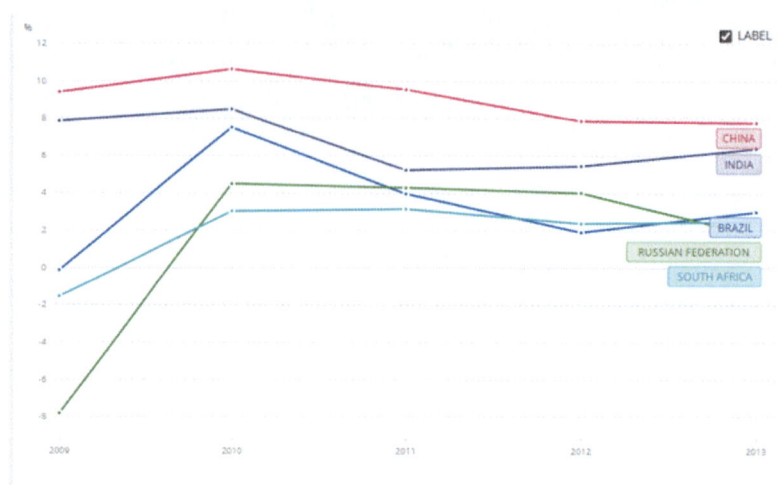

Fuente: Banco Mundial (2025)

Gráfico 2. Tasas de crecimiento del PIB de EE.UU., UE, Japón, Alemania, Francia, Reino Unido e Italia, en porcentaje (2009-2013)

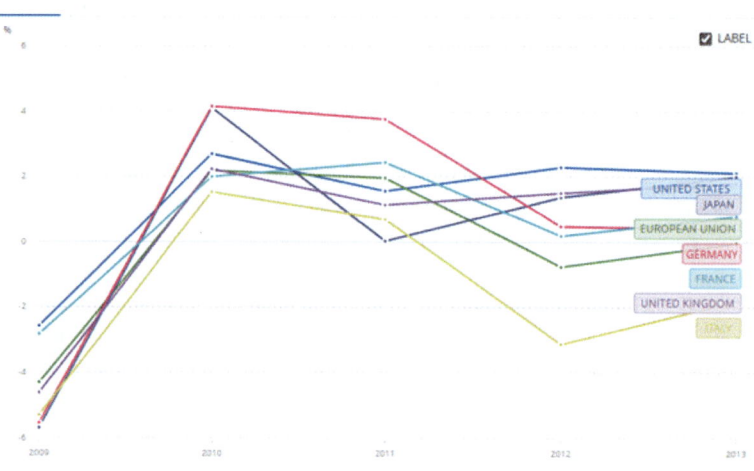

Fuente: Banco Mundial (2025)

Estos dos gráficos sirven para comparar las tasas de crecimiento del PIB respectivas. En el primer gráfico, las economías en desarrollo que componen los BRICS. En el segundo, un conjunto de las economías desarrolladas más importantes. Como podemos apreciar, las tasas de crecimiento económico de los países BRICS entre los años 2009-2013 fueron muy superiores a las de los países occidentales. En el caso de los países BRICS, Rusia registró una tasa de crecimiento negativo del -8% en 2009, debido a que, al ser una economía muy dependiente de las exportaciones de materias primas e hidrocarburos, en 2008 se produjo una caída del precio del barril de crudo de cerca de 150 dólares por barril en 2008 hasta los 40 dólares en 2009[19]. Dejando de lado esta excepción, las tasas de crecimiento en ningún caso fueron menores del 3%, y en el caso de China llegaron hasta el 10,6% (2010), en el de India al 8,5% (2010), y en el de Brasil, al 7,5% (2010)[20].

---

19   Walker, A. (2009). *El loco precio del barril de crudo*. BBC News Mundo. Disponible en: https://www.bbc.com/mundo/economia/2009/07/090714_2133_petroleo_precios_jg

20   Banco Mundial (*s.f.*). *GDP growth (annual %) - China, Brazil, Russian Federation, India, South Africa*. World Bank Group. Disponible en: https://data.worldbank.org/indicator/NY.GDP.MKTP.KD.ZG?end=2013&locations=CN-BR-RU-IN-ZA&start=2009&view=chart

Por el contrario, las economías occidentales sufrieron intensamente los efectos de la contracción y posterior recesión económica. En 2012, el conjunto de la Unión Europea registró una tasa de crecimiento negativa del -0,8% (en ese mismo año, Italia registró una tasa del -3,1%)[21].

Esta disparidad, con altas tasas de crecimiento económico en las economías en desarrollo, y recesiones en las economías desarrolladas, aumentó el atractivo de los países emergentes y su decisión de institucionalizarse en la forma de los BRICS, reflejando el cambio en el equilibrio de poder global, y reforzando la idea de que estos países debían ser tomados en cuenta en la gobernanza global.

Por tanto, otro factor que explica el nacimiento de los BRICS es el rápido crecimiento de las economías emergentes de la alianza. Como se ha mencionado, el término BRIC fue acuñado ya en 2001. Este bloque se institucionaliza políticamente debido a su deseo compartido de contrarrestar lo que perciben como una posición de hegemonía occidental en las instituciones globales. Rusia, en particular, fue la que más presionó por la creación del bloque, al ser la potencia más opuesta y crítica hacia Occidente y Estados Unidos. China, por su parte, lo vio con buenos ojos, ya que le sirve de vehículo para hacer cumplir sus ambiciones geopolíticas y económicas, para ampliar su influencia y peso en el orden internacional.

Por tanto, el deseo de configurar un orden mundial cada vez más multipolar conduce a la convergencia de los países BRICS.

---

21 Banco Mundial (*s.f.*). "*GDP growth (annual %) - European Union, United States, Japan, Germany, France, Italy, United Kingdom.* World Bank Group. Disponible en: https://data.worldbank.org/indicator/NY.GDP.MKTP.KD.ZG?end=2013&locations=EU-US-JP-DE-FR-IT-GB&start=2009

Capítulo 2. Aspectos económicos de los BRICS

En este capítulo se analiza la dimensión fundamentalmente económica y financiera de los BRICS. Primero, se expone el peso económico y la importancia de los BRICS en este ámbito, para tomar conciencia de lo que suponen actualmente. Luego, se analiza en profundidad el concepto de la desdolarización, es decir, incrementar el uso de monedas locales para debilitar el rol hegemónico del dólar en la economía mundial y en el comercio internacional. Por último, se discute la viabilidad de la creación de una divisa común BRICS, algo que el mismo grupo ha descartado.

2.1. La importancia económica de los BRICS

Los BRICS son un actor con una gran importancia económica, la cual va aumentando cada año, principalmente debido a las elevadas tasas de crecimiento económico de China y de India. En su propósito de avanzar hacia un orden global multipolar y de socavar la hegemonía occidental en las principales instituciones financieras multilaterales, como el FMI o el Banco Mundial, es indudable que la potencia económica de los BRICS es un factor que les sitúa en una posición de negociación y de toma de decisiones bastante significativa.

Las economías de los BRICS representan en torno al 37% del PIB mundial (en paridad de poder adquisitivo). Solamente China representa el 19% del PIB mundial, mientras que India representa el 8,23%, según datos del Fondo Monetario Internacional[22].

De acuerdo con el Banco Mundial, la proporción en el PIB mundial de los BRICS creció de un 18% en 2010 a un 26% en 2021, con incrementos en cada uno de los años de la serie[23].

Una razón significativa detrás de esta tendencia al alza es el crecimiento de China, la cual supuso más del 70% del PIB de los BRICS en 2021. En términos *per capita*, los BRICS alcanzaron un PIB *per capita* nominal de 7.666 dólares en 2021, frente a un PIB *per capita* global de 12.263 dólares en el mismo año. Sin embargo, en términos de paridad de poder adquisitivo (PPA), el PIB *per capita* de las economías BRICS ascendió a un total de 17,990 dólares, bastante más cercano al PIB *per capita* global (en PPA), que fue de 18.721 dólares[24].

El bloque está expandiéndose en la dirección del dominio del comercio de materias primas. En cuanto al petróleo, gracias a la incorporación de Irán, Emiratos Árabes Unidos, y quizás Arabia Saudí en el futuro, los BRICS podrían llegar a controlar en torno a la mitad de la producción mundial, representando de este modo cerca del 35% de su consumo total[25].

Otra dimensión económica en la que destacan los BRICS es la del número de consumidores y de fuerza laboral, gracias al elevado tamaño de sus poblaciones. En 2024, la tasa de participación laboral[26] del bloque era del 60,6%, lo que equivale a 1.500 millones de personas activas en el mercado laboral[27]. La tasa de desempleo en los BRICS es de un 5,04%[28].

En las últimas dos décadas la estructura de poder económico a nivel global ha experimentado una profunda transformación. Esto se ha producido, principalmente, por el ascenso de China en la economía mundial, y en menor medida, debido a los países BRICS. El poder de China y sus recursos superan con creces a los demás miembros.

---

22   Feingold, S. (2024). *Op. cit.*

23   Naciones Unidas (2023). *Op. cit.*, p.5.

24   *Idem.*

25   *Idem.*

26   La tasa de participación laboral es un indicador económico que mide el porcentaje de la población en edad de trabajar que está activa en el mercado laboral.

27   Feingold, S. (2024). *Op. cit.*

28   International Labour Organization (2025). *The ILO and the BRICS*. International Labour Organization. Disponible en: https://www.ilo.org/about-ilo/ilo-and-multilateral-system/ilo-and-brics

Mientras que aspira a ser el hegemón global, China depende a su vez de mantener un clima económico tranquilo, estable y abierto, de cara a posibles oportunidades de inversión.

Gráfico 3. Evolución del PIB de los países BRICS en billones de dólares a precios corrientes (2000-2021)[29]

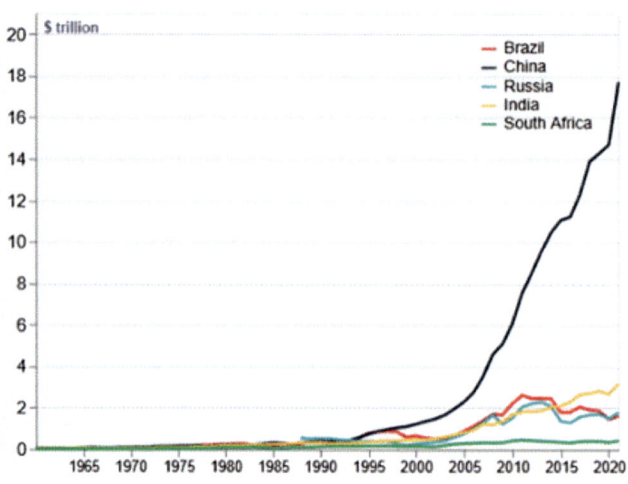

Fuente: Bishop, M. (2022)

Podemos apreciar que, desde la década de los 90, el crecimiento del PIB chino ha sido muy superior al del resto de los países BRICS, tal como refleja el gráfico.

Es importante explorar de manera individualizada los casos de algunos países BRICS:

– Rusia fue en su momento una superpotencia. Sin embargo, su economía industrial post-soviética ha permanecido reducida en términos globales. Actualmente, y con el país inmerso en una costosa guerra, su PIB es la mitad del de Alemania[30], a pesar de contar con una población aproximadamente dos veces y media mayor[31], y de poseer el territorio más rico en recursos en todo el planeta[32].

– El crecimiento económico de India ha sido impresionante, pero su economía es una quinta parte de la de China. De hecho, el PIB de China es más del doble que el de los cuatro otros países de los BRICS combinados. (17,79 billones de dólares a precios corrientes en 2023 vs. 8,14 billones de dólares a precios corrientes en 2023, agrupando a Brasil, Rusia, India y Sudáfrica).[33]

En relación al comercio, las economías BRICS representaron un 18% de las exportaciones a nivel global[34]. Su proporción ha ido aumentando, y este incremento podría respaldar el argumento de que una creciente cooperación económica aporta beneficios tangibles, siendo un importante factor que contribuye al crecimiento dentro del bloque.

El poder de los BRICS se manifiesta en su importante rol en el comercio global y en los canales de inversión, así como en su influencia demográfica y geográfica. Los BRICS son esenciales en el avance de la multipolaridad.

29   Cantidades expresadas en el gráfico en trillones de dólares americanos, equivalentes a billones europeos.

30   Banco Mundial (*s.f.*). *GDP (current US$) - Russian Federation, Germany*. World Bank Group. Disponible en: https://data.worldbank.org/indicator/NY.GDP.MKTP.CD?end=2023&locations=RU-DE&start=2022

31   Banco Mundial (*s.f.*): *Population, total - Russian Federation*. World Bank Group. Disponible en: https://data.worldbank.org/indicator/SP.POP.TOTL?end=2023&locations=RU-IT&start=2023

32   Bishop, M. (2022). *The BRICS countries: where next and what impact on the global economy?*. Economics Observatory. Disponible en: https://www.economicsobservatory.com/the-brics-countries-where-next-and-what-impact-on-the-global-economy

33   Banco Mundial (*s.f.*). *GDP (current US$) - China, Russian Federation, Brazil, India, South Africa*. World Bank Group. Disponible en: https://data.worldbank.org/indicator/NY.GDP.MKTP.CD?end=2023&locations=CN-RU-BR-IN-ZA&start=2023

34   *Ibid.*, p. 6.

Los países pertenecientes a la alianza BRICS se sitúan entre los mayores nuevos mercados globales. A finales de 2022, el PIB de las naciones BRICS combinado alcanzó los 25,85 billones de dólares, superando al PIB de EE.UU.[35]

Es interesante estudiar la manifestación de las tensiones y rivalidades en la relación bilateral entre India y China en el ámbito comercial. En 2022, la suma del comercio bilateral entre ambos países alcanzó los 135.000 millones de dólares, siendo el déficit comercial de India con China de 100.000 millones de dólares por primera vez[36]. Esto es una fuente de frustración para Nueva Delhi, dada la magnitud del desequilibrio comercial.

En los primeros años de la década de los 2000, el grupo comenzó a emplear una serie de enfoques integradores, como pactos de libre comercio y reducciones arancelarias, para incrementar el comercio y la inversión. Las naciones BRICS han registrado mayores volúmenes de comercio entre sí, demostrando su habilidad para fomentar mejores asociaciones comerciales.

Sin embargo, la mayor barrera en los BRICS es la desigualdad económica entre sus miembros. Mientras que de manera conjunta los BRICS tienen un gran peso económico, se dan importantes diferencias en los niveles de ingresos y de estándares de vida entre ellos.

Mientras China e India registran elevadas tasas de crecimiento, Sudáfrica se enfrenta a problemas de desempleo y de ralentización de sus tasas de crecimiento. Las disparidades en las situaciones económicas condicionan alcanzar acuerdos comerciales y de inversión, debido a los distintos intereses de los miembros. Es decir, una falta de cohesión.

La iniciativa BRICS Plus podría incrementar la fortaleza política y económica del grupo. Añadiendo nuevos miembros, la presencia de los BRICS se verá fortalecida en el sector energético internacional.

La inversión extranjera ha jugado un papel importante en el crecimiento de las economías BRICS desde 2001. Los flujos de Inversión Extranjera Directa (IED) hacia el bloque se han más que cuadruplicado entre 2001-2021, y han contribuido significativamente a la formación bruta de capital fijo. El crecimiento en los flujos de IED hacia los BRICS fue muy intenso en la primera década de los 2000, pero desde 2011 se han mantenido relativamente constantes[37].

Para afrontar el volátil panorama en cuanto a la inversión, y también en respuesta a la necesidad de aprovechar la inversión extranjera para contribuir al desarrollo sostenible, las economías BRICS han continuado en la senda de un entorno de inversión más abierto y favorable.

2.2. La desdolarización y el papel de las instituciones financieras de los BRICS

El principal objetivo de los BRICS es conseguir cambiar el orden de poder existente a nivel global hacia uno de tipo multipolar, aspirando a debilitar la posición hegemónica de Estados Unidos y Occidente en las instituciones y organizaciones internacionales multilaterales –FMI, Banco Mundial, etc.

A pesar de que los países BRICS representen el 26% del PIB nominal a nivel global, tan sólo cuentan con un 15% del poder de voto en el FMI[38]. Ello les genera una profunda frustración, ya que sienten que no están lo suficientemente representados en las instituciones financieras multilaterales como el FMI.

Para ello, un paso necesario para avanzar en su objetivo es disminuir el protagonismo e importancia del dólar como moneda de reserva global y de uso en las transacciones comerciales a nivel internacional. Por ello, la desdolarización es importante para los BRICS. La desdolarización puede ser definida como el proceso consistente en

---

35   Moch, E. (2024). *The Economic and Geopolitical Significance of the BRICS Nations: A Comparative Analysis of Their Global Influence in the 21st Century*. East African Journal of Business and Economics, 7(2), p. 90. https://doi.org/10.37284/eajbe.7.2.2310

36   *Idem.*

37   Naciones Unidas (2023). *Op. cit.*, p. 5.

38   Millar, P. (2023). *How the BRICS nations failed to rebuild the global financial order*. France 24. Disponible en: https://www.france24.com/en/economy/20230824-how-the-brics-nations-failed-to-rebuild-the-global-financial-order

reducir la dependencia del dólar en las transacciones comerciales, reservas internacionales y sistemas financieros, sustituyéndolo por otras divisas, como pueden ser el euro, el renminbi chino, el yuan japonés, o la libra esterlina, entre otras.

Los BRICS han creado a su vez una serie de instituciones financieras propias, lideradas principalmente por China, y que serán analizadas en profundidad posteriormente. La principal institución financiera de los BRICS es el Nuevo Banco de Desarrollo (NBD), previamente denominado 'Banco BRICS' (*BRICS Bank*). Aunque existen otros mecanismos e instituciones, como el Acuerdo de Reservas Contingentes (*CRA – Contingent Reserve Arrangement*), el *Cross-Border Interbank Payment System* (CIPS), o el *Asian Infrastructure Investment Bank* (AIIB).

2.2.1. La desdolarización

El dólar es la divisa dominante en el sistema monetario y financiero global, y afecta a numerosos aspectos de los asuntos internacionales. Se estima que el dólar se emplea en más del 80% de los intercambios comerciales a nivel mundial[39]. Por tanto, el poder y prestigio del dólar han sido, y son un pilar del liderazgo global estadounidense.

La supremacía del dólar y el liderazgo global de EE.UU. están siendo cuestionados cada vez más desde la crisis financiera de 2008. El hecho de que la crisis se originase en EE.UU. generó un sentimiento de incertidumbre y preocupación en cuanto a la fiabilidad del liderazgo estadounidense, y sembró la duda de si merecía la pena continuar con la posición hegemónica del dólar en el sistema financiero global. Esto creó a su vez una oportunidad para las potencias emergentes de buscar un mayor estatus y representatividad en la gobernanza global.

Aunque el dólar goce hoy en día de un estatus dominante, la situación podría no permanecer así indefinidamente. El desplazamiento de la anterior divisa hegemónica –la libra esterlina– precisamente por el dólar, demuestra que un fenómeno así puede ocurrir de nuevo.

Los deseos de reducir la dominancia del dólar no son nuevos, ni son exclusivos de los BRICS, pero los recientes cambios geopolíticos y las crecientes tensiones entre Occidente y Rusia y China los han devuelto al foco, acelerando el proceso de la desdolarización.

Sin embargo, la desdolarización no es un proceso sencillo, ya que se enfrenta a numerosas limitaciones, reticencias por parte de los miembros de los BRICS debido a intereses contrapuestos, o el propio peso e importancia del dólar en el comercio internacional, siendo este último el factor determinante, dada la interconexión de los sistemas financieros con el dólar.

Algunos miembros de los BRICS tienen relaciones más cercanas con EE.UU. que con los otros miembros BRICS, como India. Algunos miembros, como Brasil o Sudáfrica, son menos vulnerables a las sanciones de EE.UU. y tienen economías más integradas en el sistema del dólar[40], lo que les desincentiva a apoyar plenamente la desdolarización y a retirarse del sistema financiero del dólar, ya que su comercio se vería muy afectado.

No se ha alcanzado un consenso sobre la desdolarización en los BRICS. Es importante destacar que las decisiones en los BRICS se toman de acuerdo a consensos, y los miembros de los BRICS tampoco comparten la misma percepción de urgencia en relación a priorizar la desdolarización por encima de otros asuntos.

Es cierto que todos los miembros de los BRICS están interesados en reducir su dependencia del dólar, pero no todos ellos quieren separarse del sistema financiero global liderado por EE.UU. (Brasil o India). Muchos miembros de los BRICS mantienen grandes reservas de dólares, por lo que un dólar débil les perjudicaría[41].

---

39   Ismail, S. (2023). *Can BRICS dethrone the US dollar? It'll be an uphill climb, experts say.* Al Jazeera. Disponible en: https://www.aljazeera.com/features/2023/8/24/can-brics-dethrone-the-us-dollar-itll-be-an-uphill-climb-experts-say

40   Cambridge University Press (2022). *Can BRICS De-dollarize the Global Financial System?.* Cambridge: Cambridge University Press. p. 10. Disponible en: https://www.cambridge.org/core/services/aop-cambridge-core/content/view/0AEF98D2F232072409E9556620AE09B0/9781009014625AR.pdf/Can_BRICS_De-dollarize_the_Global_Financial_System_.pdf?eventtype=FTLA

41   *Idem.*

Las consecuencias inmediatas de separarse del sistema financiero actual se traducirían en diversos costes de separación: mayores costes en las transacciones transfronterizas, mayor coste de captación de capitales en un mercado dominado por el dólar, y una reducción de la competitividad de las empresas de los países BRICS en los mercados extranjeros debido a la reducción de la financiación en dólares[42].

Las actividades de desdolarización de los BRICS no sólo tendrían un impacto en las relaciones financieras intra-BRICS, sino que crearían un efecto dominó a escala mundial, alterando las estructuras financieras globales y produciendo una enorme volatilidad e incertidumbre, algo que los inversores no verían con buenos ojos, con lo que seguramente se produciría una ralentización de los niveles de inversión, y con ello, una posible contracción del PIB a escala global.

Otro de los grandes retos de la desdolarización, y del incremento en el uso de las monedas locales, es la propia convertibilidad de las monedas. La convertibilidad es la posibilidad de cambiar una divisa por otra. Por tanto, aquellas monedas altamente convertibles, como el dólar o el euro, son muy usadas en el comercio internacional, y sirven a su vez como reserva de valor (el dólar es la principal reserva de valor de la economía mundial), debido a la facilidad en su intercambio por otros activos o monedas sin resultar en pérdidas de valor. Cuanto más convertible es una moneda, más sencillo es el comercio exterior y menor es el coste asociado al mismo.

Los países BRICS que registren un mayor volumen de intercambios comerciales necesitarán a su vez poseer mayores reservas de divisas de los demás países con los que comercien, lo cual, por ejemplo, sería complicado en India, en donde los estrictos controles de capitales restringen las retiradas de dinero del país. Una vez que las rupias salen de India, éstas aún deben ser convertidas en otras divisas –como el dólar–, antes de poder ser convertidas, ya sí, en la moneda local de preferencia. En China existe el mismo problema, ya que el renminbi (RMB) está sometido a un estricto régimen de control de capitales, limitando su convertibilidad.

A pesar de las limitaciones y obstáculos que enfrenta la desdolarización, se podría decir que el proceso se está acelerando desde 2022, a causa de la invasión de Ucrania, y las posteriores sanciones contra Rusia por parte de Occidente, que congelaron casi la mitad de las reservas de divisas extranjeras de Moscú, y retiraron a los principales bancos rusos de la plataforma SWIFT.

La imposición de dichas sanciones ha impulsado a los países bajo las mismas, como Rusia en el caso de la invasión de Ucrania, u otros como Irán, a usar menos dólares en sus intercambios comerciales para así evitar estas sanciones, y por tanto, utilizando otras monedas. El renminbi chino es una de las monedas cuyo uso está aumentando globalmente y que se están viendo más beneficiadas gracias a la desdolarización.

El 80% del comercio entre Rusia y China se realiza en rublos rusos o en yuanes chinos[43]. Rusia comercia a su vez con India en rupias indias. Emiratos Árabes Unidos e India firmaron en 2023 un acuerdo para comerciar con petróleo en rupias en vez de en dólares. Es una forma de impulsar los esfuerzos de India para eliminar los costes de transacción, suprimiendo la conversión al dólar (recordemos que la rupia no es una divisa plenamente convertible, por lo que es necesario convertirla al dólar antes de volver a convertirla en la divisa de preferencia). Es importante tenerlo en cuenta, ya que India es el tercer mayor importador y consumidor de petróleo a nivel mundial[44].

China también lidera e impulsa las iniciativas de la desdolarización, avanzando en su objetivo de desafiar la hegemonía económica y financiera de Estados Unidos.

Una de las razones por las que China está haciendo presión para adoptar la desdolarización es que, a causa de las sanciones impuestas sobre el sistema financiero de Rusia desde EE.UU., han crecido las preocupaciones en China en cuanto a sus considerables tenencias de activos denominados en dólares:

---

42   *Ibid.*, p. 11.

43   Ismail, S. (2023). *Op. cit.*

44   Chaturvedi, A. (2023). *India ties up with UAE to settle trade in rupees.* Reuters. Disponible en: https://www.reuters.com/world/india-ties-up-with-uae-settle-trade-rupees-2023-07-15/#:~:text=India%20has%20signed%20an%20agreement%20with%20the%20United,to%20cut%20transaction%20costs%20by%20eliminating%20dollar%20conversions

- China es el segundo mayor tenedor de bonos del Tesoro estadounidense, por valor de 760.800 millones de dólares en enero de 2025, detrás de Japón[45].

- Además, a pesar del incremento del uso del renminbi en los pagos transfronterizos en China, el sistema financiero chino es aún muy dependiente del dólar y las mayores instituciones financieras estatales chinas están profundamente interconectadas con el sistema financiero estadounidense.

Debido a estos factores, y a la preocupación acerca de que un día se pudiera establecer un régimen de sanciones similar contra China –aún más probable a día de hoy con Trump–, cada vez son más numerosas las voces en China las que llaman a reducir la exposición de su sistema financiero al dólar.

La situación en cuanto a la interconexión con el dólar es bastante probable que persista tal como está, al menos en el corto plazo. La profundidad de los vínculos financieros ha disuadido a los responsables políticos estadounidenses de implementar sanciones económicas contra los mayores bancos chinos, por miedo a las posibles consecuencias negativas que pudieran afectar a la economía estadounidense.

Los cuatro mayores bancos estatales de carácter comercial de China por tamaño de activos –(*Industrial and Commercial Bank of China* (ICBC); *China Construction Bank* (CCB); *Agricultural Bank of China* (ABC); *Bank of China* (BOC)[46]– se encuentran particularmente interconectados con el sistema financiero del dólar. Este tipo de instituciones a menudo dependen de la financiación en dólares para financiar actividades en el extranjero, y en los últimos años han mantenido unos niveles de pasivos en dólares mayores que sus niveles de activos en dólares[47]. Por tanto, la magnitud de la exposición ante el dólar de estas instituciones implica una vulnerabilidad, dada su dependencia.

Los mercados financieros del dólar también están entrelazados con los objetivos geopolíticos de Pekín y con la política industrial de China. Históricamente, la mayoría de los préstamos de la Iniciativa de la Franja y la Ruta (BRI - *Belt and Road Initiative*) han estado denominados en dólares. Además, muchas empresas chinas tecnológicas, energéticas, y productoras de vehículos eléctricos cotizan en los mercados bursátiles estadounidenses, como Alibaba (tecnológica), Sinopec (petróleo), o NIO (vehículos eléctricos).

La conectividad de los mercados financieros chinos con el dólar está profundamente influenciada por el enfoque de Pekín a la hora de gestionar el tipo de cambio del renminbi. El renminbi se encuentra sujeto a un estricto régimen de controles de capitales y su tipo de cambio es gestionado activamente por la autoridades chinas[48].

Pekín, al controlar estrictamente el valor de su moneda, y debido al alcance de su uso en el extranjero, al mismo tiempo que se persigue expandir su rol global, implican que las autoridades chinas deben mantener la percepción de que el renminbi sea fácilmente convertible a dólares.

A pesar de la dependencia de China con el dólar, Pekín está llevando a cabo esfuerzos para diversificar sus reservas de divisas, alejándose del dólar e incrementando el uso del renminbi en los intercambios transfronterizos y en las finanzas. Sin embargo, estos esfuerzos se enfrentan a diversas limitaciones.

Entre noviembre de 2022 y abril de 2024, las reservas de oro de China fueron creciendo cada mes. La proporción de oro en las reservas chinas aumentó del 3,4% al 4,9%. Durante este período, se vendieron activos en divisas extranjeras para adquirir oro, diversificando de este modo las reservas, y alejándolas de los activos en divisas extranjeras[49].

Pekín está consiguiendo incrementar el uso del renminbi en los pagos transfronterizos a través de la expansión de la infraestructura financiera del renminbi en mercados emergentes, los esfuerzos de política doméstica de

---

45   U.S. Department of the Treasury (2025). *Major Foreign Holders of U.S. Treasury Securities*. U.S. Department of Treasury. Disponible en: https://ticdata.treasury.gov/resource-center/data-chart-center/tic/Documents/slt_table5.txt

46   Pianese, B. (2023). *Top 1000 World Banks 2023*. The Banker. Disponible en: https://www.thebanker.com/content/0bd008c8-4a8b-5ff9-b364-8e0de16acb61

47   Greene, R. (2024). *China's Dollar Dilemma*. Washington, DC: Carnegie Endowment for International Peace. p. 5. Disponible en: https://carnegie-production-assets.s3.amazonaws.com/static/files/Greene_China%20Dollar_final.pdf

48   *Ibid.*, p. 7.

49   *Ibid.*, p. 8.

China para incentivar el uso del renminbi en la facturación, y la proliferación de las líneas *swap* del Banco Central[50] (acuerdos entre dos Bancos Centrales para intercambiar sus monedas respectivas. Permiten a un Banco Central obtener liquidez en moneda extranjera del Banco Central que la emite, generalmente para satisfacer la necesidad de esa moneda de los bancos comerciales de su país[51]).

Gráfico 4. Proporción de uso del renminbi (RMB) como moneda de pago internacional (diciembre de 2024)

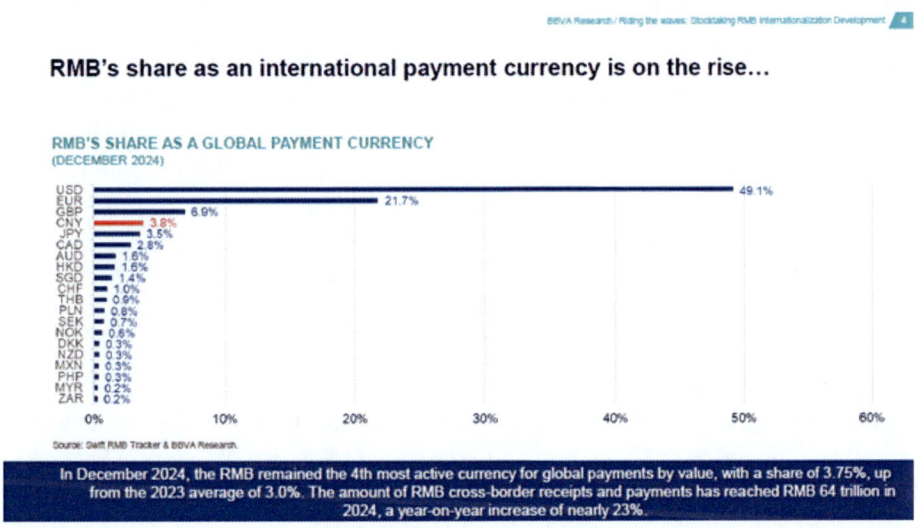

Fuente: Xia, L., Huang, B. (2025)

Gráfico 5. Proporción de uso del renminbi (RMB) en la financiación del comercio global (diciembre de 2024)

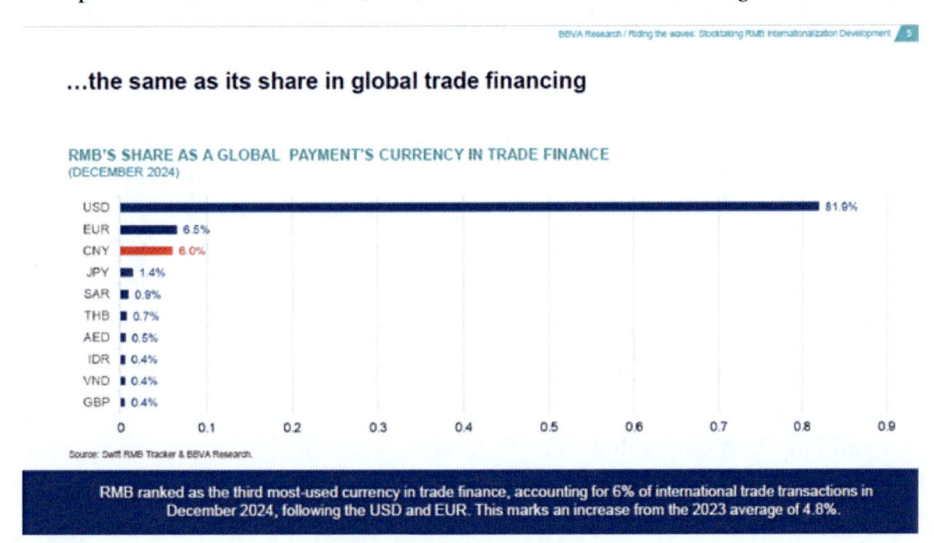

Fuente: Xia, L., Huang, B. (2025)

De acuerdo con el Gráfico 4, en diciembre de 2024, el renminbi (RMB) siguió siendo la cuarta moneda más utilizada en los pagos internacionales, y aumentó su proporción, del 3% de 2023 al 3,75% de 2024[52]. Además, de acuerdo con el Gráfico 5, el RMB se situó como la tercera moneda en la financiación comercial, representando el 6% de

---

50   *Idem.*

51   Banco Central Europeo - Eurosistema (2016). ¿Qué son las líneas de swap de divisas?. Banco Central Europeo - Eurosistema. Disponible en: https://www.ecb.europa.eu/ecb-and-you/explainers/tell-me-more/html/currency_swap_lines.es.html#:~:text=Una%20l%C3%ADnea%20 swap%20es%20un%20acuerdo%20entre%20dos,moneda%20de%20los%20bancos%20comerciales%20de%20su%20pa%C3%ADs

52   Xia, L., Huang, B. (2025). *China | Riding the waves: Stocktaking RMB Internationalization Development*. Hong Kong: BBVA Research. p. 4. Disponible en: https://www.bbvaresearch.com/en/publicaciones/china-riding-the-waves-stocktaking-rmb-international-development/?ci d=eml::sfm:00004491-bbvaresearch_email_instantaneo--:-comun-::visita:::20250227:::ingles

las transacciones comerciales internacionales en diciembre de 2024, tras el euro (6,5%) y el dólar (81,9%). Esta proporción también aumentó con respecto a 2023 (4,8%)[53].

Una de las razones por las que el dólar sigue teniendo un papel muy importante en los pagos transfronterizos en China de bienes es que los precios en los mercados globales de *commodities* (mercancías), se fijan en dólares, pese a la política de Pekín de avanzar en el uso del renminbi en los pagos de estos productos[54]. Por tanto, la obligación de pagar las mercancías en dólares limita el alcance de la desdolarización y la posibilidad de que ocurra a escala mundial, al menos en el corto plazo.

En teoría, una significativa apertura de los mercados financieros chinos y un levantamiento de las restricciones en el uso global del renminbi podrían reducir la dependencia de China con el dólar. Sin embargo, ésto es algo improbable en el corto plazo, dado el grado de liberalización de capitales y los cambios económicos necesarios para que China redujera sus considerables reservas de divisas extranjeras. Al fin y al cabo, se trata de una decisión de política china, y liberalizar el renminbi no es algo que Pekín considere llevar a cabo, al menos a corto o medio plazo.

Incluso si Pekín decidiera avanzar en la diversificación de las reservas de divisas de China, disminuyendo la proporción de dólares, se producirían diversas limitaciones prácticas.

Datos del segundo trimestre de 2024 del FMI indican que las reservas de divisas del Banco Central chino (PBOC - *People's Bank of China*) son de cerca de 12,3 billones de dólares. El euro y el yen japonés son la segunda y tercera divisa de reserva, muy lejos del dólar – 19,76% y 5,59% respectivamente, frente al 58,22% del dólar[55]. La reasignación de estas reservas a euros o yenes implicaría grandes compras de títulos de deuda de alta calidad denominados en euros y yenes, apreciando estas monedas, y pudiendo devaluar el dólar.

Aunque es probable que las autoridades financieras chinas se vean cada vez más presionadas para blindar el sistema financiero chino frente a las sanciones, ésta será una tarea difícil. El sistema financiero chino depende y está limitado en gran medida de sus profundas conexiones con el sistema financiero del dólar.

En 2015 se aprobó la inclusión del RMB en los Derechos Especiales de Giro (DEG) del FMI, entrando en vigor en 2016. Los DEG son un activo de reserva internacional, que, según la propia definición del FMI, "no son una moneda, pero su valor se basa en una cesta de cinco monedas: el dólar de EE.UU., el euro, el renminbi chino, el yen japonés y la libra esterlina"[56]. Es un equivalente al valor de esta cesta de monedas internacionales. Son un activo que los tenedores pueden cambiar por moneda cuando lo necesiten. El FMI revisa cada cinco años la proporción de cada divisa en la cesta.

En 2022, el FMI incrementó la participación del RMB, del 10,92% en 2016 al 12,28% en 2022, mayor que la de otras divisas como el yen japonés (8,33%) o la libra esterlina (8,09%)[57]. La adhesión del RMB a los DEG del FMI es importante, ya que implica el reconocimiento del RMB como moneda de reserva internacional, reforzando su papel como una de las principales monedas globales, e impulsando su internacionalización, otro paso más en el proceso de la desdolarización.

---

53 *Ibid.,* p. 5.

54 Greene, R. (2024). *Op. cit.,* p. 9.

55 *Ibid.,* p.11.

56 Fondo Monetario Internacional (*s.f.*). *Derechos Especiales de Giro (DEG)*. Fondo Monetario Internacional. Disponible en: https://www.imf.org/es/About/Factsheets/Sheets/2023/special-drawing-rights-sdr

57 Xia, L., Huang, B. (2025). *Op. cit.,* p. 9.

Gráfico 6. Representación del renminbi (RMB) en los Derechos Especiales de Giro (DEG) del FMI (2015 vs. 2022)

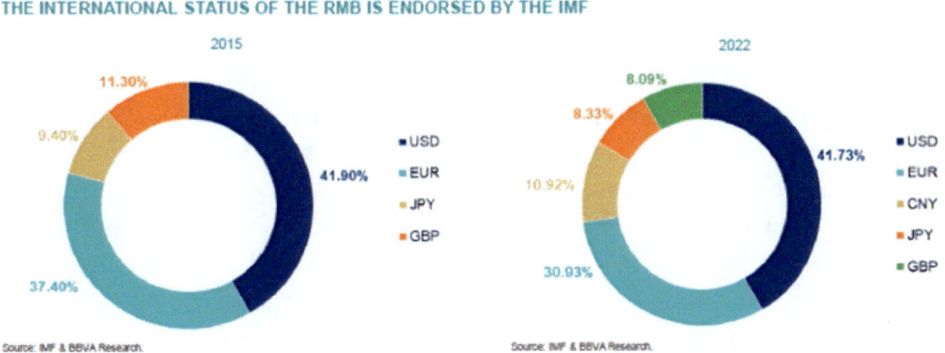

Fuente: Fuente: Xia, L., Huang, B. (2025)

El RMB se está usando cada vez más en los mercados energéticos globales. Estos son algunos ejemplos[58]:

– Contratos de Futuros de crudo del *Shanghai International Energy Exchange (INE):* Lanzado en 2018, permiten a los *traders* globales fijar precios y liquidar contratos de crudo en RMB, siendo el primer mercado de futuros de crudo denominado en RMB.

– Comercio energético China-Rusia en RMB: Tras las sanciones impuestas a Rusia por parte de Occidente en 2022, China ha incrementado significativamente sus importaciones de energía desde Rusia. Empresas rusas como Rosneft o Gazprom, están empleando renminbi en lugar de dólares para efectuar sus pagos.

– Arabia Saudí y los precios del petróleo en RMB ("Petroyuan"): China y Arabia Saudí están negociando fijar precios de parte del petróleo saudí en RMB. En caso de concretarse, sería un gran cambio respecto al sistema basado en el dólar, potenciando la liquidez global del RMB. China es el mayor importador de petróleo de Arabia Saudí, lo que podría hacer factible la transición.

– Acuerdos entre Emiratos Árabes Unidos y China: En 2023, EAU completó el primer intercambio de Gas Natural Licuado (GNL) con China en RMB a través del *Shanghai Petroleum and Natural Gas Exchange.* Si se generalizara, reforzaría el uso del RMB en las transacciones energéticas globales.

– Irán y Venezuela usando RMB para ventas de crudo: Debido a las sanciones estadounidenses, Irán y Venezuela han pasado a vender crudo a China en RMB. Esto les permite evitar los sistemas financieros del dólar, fortaleciendo el uso del RMB en el mercado energético global.

– Los BRICS y la desdolarización en el comercio energético: Los BRICS han estado explorando vías de implementar el uso de monedas locales –incluido el RMB– para el comercio de petróleo y energía. Rusia, India y China ya han comenzado a realizar transacciones energéticas sin usar el dólar, reforzando el papel del RMB.

– Proyectos energéticos de la Iniciativa de la Franja y la Ruta (BRI) financiados en RMB: Muchos proyectos energéticos vinculados a la BRI –plantas energéticas, oleoductos o terminales de GNL– están siendo financiados en RMB por bancos chinos, implementando el RMB en la financiación de la energía.

La internacionalización del RMB se ha acelerado en el sector energético global, con un creciente número de transacciones siendo realizadas en RMB.

A modo de conclusión, la desdolarización está en marcha y avanza a buen ritmo, pero es indudable que se trata de un proceso largo y complejo, debido principalmente a la ya mencionada interconexión y dependencia del sistema financiero global con el dólar. A pesar de los esfuerzos liderados por China para reducir la dependencia del dólar, la moneda estadounidense sigue siendo el principal medio de pago en las transacciones internacionales, y es a su vez, la principal reserva de valor a nivel mundial.

---

58   *Ibid.,* pp. 26-27.

Sin embargo, la mayoría de las iniciativas de desdolarización ocurren en un nivel sub-BRICS. Por ejemplo, China ha conseguido desarrollar exitosamente el contrato de futuros de petróleo en yuanes, un novedoso instrumento financiero cuyo objetivo es desdolarizar el comercio global de petróleo[59]. Por tanto, mientras que las iniciativas de la desdolarización permanezcan en el plano sub-BRICS, y no se amplíen a una escala más internacional, no será realista esperar una desdolarización plena.

No es probable, al menos en el corto y medio plazo, que el dólar sea reemplazado por ninguna otra moneda, como el renminbi, y mucho menos por una potencial divisa común de los BRICS, lo que será analizado en su parte correspondiente. De acuerdo con José Manuel Revuelta, "el dólar sigue jugando un papel fundamental tanto en el comercio internacional como en las finanzas porque es la principal divisa, pero sí que es cierto que va a perder algo de peso. Los contratos del petróleo, se están pagando cada vez más bilateralmente, y solo al final del año las diferencias se pagan en oro, que se puede vender. No se va a necesitar el dólar para comprar. Eso va a hacer que disminuya la demanda de dólares, repercutiendo sobre la cotización del dólar"[60].

2.2.2. El Papel de las Instituciones y Mecanismos Financieros de los BRICS

El Nuevo Banco de Desarrollo (NBD) y el Acuerdo de Reservas Contingentes (CRA)

Los BRICS, en su objetivo de conseguir una mayor representación en las instituciones financieras multilaterales, y dada su disconformidad con el sistema de Bretton Woods (FMI, Banco Mundial), decidieron fundar sus propias instituciones y mecanismos financieros.

Como instituciones y mecanismos propios de los BRICS, los dos más importantes son el Nuevo Banco de Desarrollo (NBD), o *New Development Bank* (NDB), que actúa como la contraparte del FMI y del Banco Mundial; y el Acuerdo de Reservas Contingentes (CRA), o *Contingent Reserve Arrangement*.

En julio de 2014, los cinco países miembros de los BRICS anunciaron el lanzamiento de un nuevo banco que financiaría proyectos urgentes de infraestructuras a lo largo del mundo en desarrollo, el Nuevo Banco de Desarrollo (NBD).

El anuncio ocurrió casi setenta años después del día en que las Naciones Aliadas se reunieron en Bretton Woods para diseñar la arquitectura financiera global que ayudaría a reconstruir un mundo en ruinas tras la Segunda Guerra Mundial[61].

El Nuevo Banco de Desarrollo (NBD) es un banco de desarrollo con carácter multilateral establecido por los países BRICS y cuyo objetivo es movilizar recursos para proyectos de infraestructuras y desarrollo sostenible en países en desarrollo y mercados emergentes [62].

Comenzando su andadura en 2016, con 50.000 millones de dólares de capital inicial, el NBD ha ido creando un espacio privilegiado para sí mismo, habiendo aprobado más de 32.000 millones de dólares en financiación para 96 proyectos en sus cinco Estados Miembros originales[63]. El NBD ha pasado de ser una *start-up* a uno de los principales proveedores de soluciones de desarrollo. Opera en países que muestran un gran dinamismo económico y que tienen una fuerte demanda de infraestructura.

El NBD ofrece préstamos, garantías, y otros mecanismos financieros para apoyar proyectos privados que contribuyan al desarrollo sostenible y a la construcción de infraestructuras. Su objetivo es ofrecer mayor flexibilidad, igualdad

---

59   Cambridge University Press (2022). *Op. cit.*, p. 9.

60   Ver en Anexo.

61   Millar, P. (2023) *Op. cit.*

62   New Development Bank (*s.f.*). *About NDB*. New Development Bank. Disponible en: https://www.ndb.int/about-ndb/

63   Millar, P. (2023). *Op. cit.*

entre accionistas, y un acceso más sencillo a la financiación que el Banco Mundial, el cual debe dividir su atención entre sus 190 miembros.

El NBD se enfoca en seis áreas operativas principales[64]:

1. Energía limpia y eficiencia energética: El NBD apoya la transición de sus miembros hacia un modelo de desarrollo de bajas emisiones.

2. Infraestructura de transportes: El NBD prioriza el transporte inteligente que contribuya a la reducción de las emisiones y la conectividad entre las regiones.

3. Agua y saneamiento: Se fomenta el acceso al agua potable y la gestión sostenible ante los desastres, reduciendo la vulnerabilidad hacia estos.

4. Protección ambiental: El NBD apoya la restauración de los ecosistemas y las tecnologías para la reducción de las emisiones.

5. Infraestructura social: Financiación para la construcción y modernización de infraestructuras sociales, como escuelas, hospitales y vivienda asequible.

6. Infraestructura digital: El NBD busca la mejora de la conectividad, ampliar el acceso y fomentar la innovación en sus países miembros. Financia proyectos que promuevan la expansión y la modernización de las infraestructuras digitales nacionales e internacionales.

Sus préstamos se centran en energías limpias, transporte, saneamiento y desarrollo social, y busca dedicar el 40% de sus proyectos a la lucha contra el cambio climático.

Sin embargo, estos esfuerzos se enfrentan a obstáculos. El NBD es cinco veces más pequeño que el Banco Mundial[65].

En 2021, el NBD admitió como nuevos miembros a Bangladesh, Egipto, Emiratos Árabes Unidos y Uruguay[66].

El compromiso del NBD de emplear monedas locales en las transacciones comerciales sirve de impulso para la desdolarización. Se plantea la duda acerca de si los acelerados procesos de desdolarización en Rusia y China, impulsados por sus crecientes tensiones con EE.UU., son sólo un cambio temporal, o si constituyen un cambio de paradigma más amplio en las finanzas globales.

Los BRICS establecieron el NBD para desarrollar estas finanzas 'desdolarizadoras'. El grupo también ha estado planeando el lanzamiento de un marco de pagos común que pueda ser integrado con una divisa digital BRICS para desdolarizar la infraestructura financiera global.

Esta infraestructura podría ser atractiva para los aliados de EE.UU. que busquen una mayor autonomía monetaria y que quieran seguir comerciando con países que se encuentren bajo sanciones estadounidenses. La emergente infraestructura aún no permite a los miembros de los BRICS separarse totalmente del actual sistema del dólar, ya que, como ha sido mencionado, la desdolarización está ocurriendo principalmente en un nivel sub-BRICS, y no ha alcanzado aún las economías de escala necesarias para desdolarizar el sistema financiero global existente[67].

El NBD está comprometido a conceder más préstamos denominados en monedas locales, en vez de en dólares, continuando con el deseo de los BRICS de distanciarse de la hegemonía del dólar. Esto haría que los prestatarios fueran menos vulnerables al poder del gobierno de EE.UU. en torno al uso del dólar como herramienta de presión. En 2016, el NBD llevó a cabo su emisión inaugural de bonos, consistente en un Bono Financiero Verde denominado en RMB, convirtiéndose así en la primera institución financiera de carácter internacional en emitir este tipo de

---

64   New Development Bank (*s.f.*). *Focus Areas*. New Development Bank. Disponible en: https://www.ndb.int/about-ndb/focus-areas/

65   Ferragamo, M. (2024). *Op. cit.*

66   New Development Bank (2022). *NDB at 7: New Development Bank Celebrates Seven Years of Accomplishments*. New Development Bank. Disponible en: https://www.ndb.int/news/ndb-at-7-new-development-bank-celebrates-seven-years-of-accomplishments/#:~:text=Since%20its%20foundation%2C%20the%20Bank,fit%2Dfor%2Dpurpose%20institution

67   Cambridge University Press (2022). *Op. cit.,* p. 10.

instrumento financiero en el *China Interbank Bond Market* (CIBM), el mayor mercado doméstico de bonos de China[68].

A pesar de este compromiso, la cantidad de préstamos en monedas locales sigue siendo baja. Menos de una cuarta parte de los desembolsos realizados por el NBD en 2022 fueron en esta clase de monedas, y la mayor parte de dichos desembolsos fueron realizados en renminbi chinos[69]. Por tanto, salvo el renminbi, las monedas locales no estarían siendo usadas de un modo significativo.

En 2021, el NBD admitió como nuevos miembros a Bangladesh, Egipto, Emiratos Árabes Unidos y Uruguay[70].

Antes de la creación del NBD, cada banco o agencia de desarrollo de cada miembro de los BRICS tenía diferentes programas de financiación para apoyar proyectos en otros países en desarrollo. Los miembros de los BRICS decidieron, no sin reticencias por parte de alguno, juntar los programas nacionales en una iniciativa colectiva como alternativa a las instituciones financieras existentes para "movilizar financiación para infraestructuras en el mundo en desarrollo"[71].

Esta iniciativa se enfrentó a varios obstáculos por el camino: primero, la cuestión de las contribuciones al banco de cada miembro de los BRICS, que reveló el desequilibrio de capacidades entre los miembros; segundo, la sede del NBD, que China aseguró para que estuviera en Shanghai; y tercero, el modelo de gobernanza del NBD. En conjunto, el compromiso alcanzado por los miembros de los BRICS se ajustaba en cierta medida a sus intereses, mientras que trataba de eliminar, al menos formalmente, los defectos percibidos de las instituciones financieras internacionales existentes, en particular el peso desigual de sus miembros en el proceso de toma de decisiones[72].

Por tanto, el NBD es una institución central para los BRICS, quienes lo consideran crucial en su esfuerzo por redefinir el equilibrio del sistema financiero global, restando protagonismo a las instituciones dominadas por los países occidentales, en particular Estados Unidos.

Aunque ha logrado importantes avances en esta misión, como la financiación de numerosos proyectos de infraestructuras, aún enfrenta importantes desafíos que limitan su alcance mundial, como la diferencia de tamaño en comparación con el Banco Mundial, o el uso limitado de las monedas locales en comparación con el dólar. El NBD es sin duda clave en el diseño de un nuevo orden multipolar, en este caso en la dimensión financiera.

Junto con el NBD, los BRICS lanzaron el Acuerdo de Reservas Contingente (CRA, por sus siglas en inglés) para proveer financiación en divisas líquidas a países en situaciones de tensión económica. A diferencia del NBD, el CRA no está sujeto a un compromiso de contribución equitativa, y China aportó el 41% de los activos iniciales del acuerdo[73]. La creación del CRA, representa el esfuerzo colectivo de los BRICS, de perseguir enfoques reformistas, abogando por la reforma de los Derechos Especiales de Giro (DEG) del FMI. Combinadas, estas dos iniciativas –NBD y CRA– sugieren que los BRICS no solo han intentado reformar el sistema existente para abogar mejor por sus intereses, sino que han creado una infraestructura de desdolarización enfocada en el largo plazo.

El CRA fue creado originalmente para proporcionar financiación a los miembros de los BRICS que experimentasen problemas de balanza de pagos o de divisas. Los BRICS han actuado para reforzar la cooperación financiera entre el NBD y el CRA, y cortar los lazos con las instituciones financieras occidentales. Estas actividades han profundizado los lazos económicos entre las naciones BRICS y han mejorado su papel combinado en la gobernanza global.

Muchas naciones del Sur Global creen que dichas instituciones, en especial el FMI y el Banco Mundial, no son capaces de atender las necesidades de los países más pobres.

---

68   New Development Bank (2022). *Op. cit.*

69   Millar, P. (2023). *Op. cit.*

70   New Development Bank (2022). *Op. cit.*

71   Vidal-León, C. (2017). *Op. cit.,* p. 568.

72   *Idem.*

73   Britannica (2025). *Op. cit.*

Las dos instituciones operan de formas distintas. El CRA es un fondo común entre los bancos centrales de los países BRICS, que ofrece apoyo durante crisis monetarias, pero que se limita exclusivamente a los países BRICS, mientras que en 2021 el NBD se abrió a proyectos privados en otros mercados emergentes[74], ampliando su área operativa.

Las dos principales iniciativas financieras creadas por los BRICS –el NBD y el CRA – son cruciales en el avance del proceso de la desdolarización del sistema financiero global. Aunque el sistema financiero actual esté estrechamente relacionado con el dólar, tanto en términos de uso en intercambios comerciales, o de reservas internacionales, estas iniciativas e instituciones reflejan una voluntad e intencionalidad clara por reducir la dependencia con el dólar. Su propia existencia refleja de por sí un paso hacia el sistema multipolar que los BRICS desean establecer.

Sin embargo, dado que, cómo ya ha sido mencionado, las iniciativas de la desdolarización se limitan al plano sub-BRICS. Por tanto, no cabe esperar que en el medio o largo plazo, la labor del NBD y del CRA consigan derrotar al dólar como moneda hegemónica y principal reserva de valor, pese a que se puedan producir tensiones entre China y EE.UU. a causa de la guerra comercial provocada por escalada en la imposición mutua de aranceles.

El dólar es una moneda convertible, que goza de una percepción de confianza, fortaleza y liquidez. A diferencia del RMB, el tipo de cambio del dólar no es modificado arbitrariamente en base a intereses políticos, como sí ocurre con el RMB. Por tanto, el dólar continuará siendo la principal moneda y reserva de valor a nivel internacional.

El Banco Asiático de Inversión en Infraestructuras (AIIB) y el CIPS

Estas dos instituciones no son propias de los BRICS, sino que están lideradas e ideadas por China. Dado que China representa cerca del 70% del PIB total de los BRICS[75], cualquier iniciativa e institución creada por China va a tener impacto en los BRICS, especialmente cuando los países miembros de los BRICS –y también otros países – reciben financiación de ambos tipos de organismos, o colaboran con ellos indistintamente.

El Banco Asiático de Inversión en Infraestructuras (AIIB - *Asian Infrastructure Investment Bank*) es un banco multilateral de desarrollo dedicado a la financiación de infraestructuras, principalmente en Asia. China anunció la creación del banco en 2013, y éste fue establecido en enero de 2016, en Pekín. Cuenta en la actualidad con 110 miembros a nivel mundial.

El banco cuenta con una capitalización de 100.000 millones de dólares y la calificación crediticia AAA de las principales agencias de calificación crediticia[76] (desde su creación, el AIIB ha desarrollado directrices y normas operativas estrictas y sólidas[77]).

Destaca el carácter multi-regional del banco, ya que en el momento de su creación, 57 países formaban parte del mismo en calidad de miembros. De estos 57 miembros, 37 eran regionales (Asia) y 20 no regionales[78]. Con el paso del tiempo, la membresía del banco siguió creciendo hasta alcanzar la cantidad de 110 países en septiembre de 2024: 53 países miembro regionales y 57 no regionales. Entre todos, representan cerca del 81% de la población mundial y el 65% del PIB global[79].

El establecimiento del banco a iniciativa china representó un intento de compensar el déficit existente en la financiación de infraestructuras en Asia.

Sin embargo, el AIIB es visto en Occidente como una herramienta para la agenda geoestratégica china, alimentando los recelos de que la institución aspira a competir con los demás bancos multilaterales de desarrollo en vez de alinearse con ellos, y acabar imponiendo sus propios estándares.

---

74   Ferragamo, M. (2024). *Op. cit.*

75   Banco Mundial (*s.f.*). *GDP (current US$) - China, Russian Federation, India, South Africa, Brazil.* World Bank Group. Disponible en: https://data.worldbank.org/indicator/NY.GDP.MKTP.CD?locations=CN-RU-IN-ZA-BR

76   Asian Infrastructure Investment Bank (*s.f.*). *Index.* Asian Infrastructure Development Bank. Disponible en: https://www.aiib.org/en/index.html

77   Nicolas, F. (2025). *Reconnect China Policy Brief 21.* Ghent University. p. 4. Disponible en: https://www.reconnect-china.ugent.be/wp-content/uploads/2025/03/ReConnect-China-Policy-Brief-21-The-China-led-AIIB.pdf

78   *Ibid.,* p. 2.

79   *Idem.*

Sin embargo, y tras casi una década, el AIIB parece haber desmentido dichas críticas: ha conseguido establecerse en el mercado, ha cooperado con otros bancos multilaterales de desarrollo y con agencias nacionales de ayuda al desarrollo, y se ha alineado con sus estándares y prácticas operacionales, en vez de enfrentarse a ellas o intentar imponer las suyas.

Entre los miembros no regionales, hay 20 Estados Miembro de la UE. Destacan Francia, Alemania, Italia, o España (las cuatro mayores economías de la UE). Reino Unido –antiguo Estado Miembro de la UE – en también es miembro del AIIB[80].

Los países no asiáticos del Sur Global también están bien representados: de momento 19 países africanos se han unido al AIIB, como Argelia, Egipto, Etiopía o Kenia. Por el lado de América Latina, la región cuenta con seis miembros de pleno derecho: Argentina, Brasil, Chile, Ecuador, Perú y Uruguay[81]. A pesar de ser un banco multilateral de desarrollo concentrado en el desarrollo de Asia, el AIIB cuenta con miembros de todo el mundo, y un amplio apoyo.

Algo común en los bancos multilaterales de desarrollo es que los derechos de voto son proporcionales a la contribución de cada miembro en relación al *stock* de capital del banco. Pero los miembros fundadores y el mayor accionista (China), disfrutan de acciones adicionales, lo que les confiere un mayor poder de decisión. Con la mayor contribución –29.780 millones de dólares (30,7% del capital total) – China posee la mayor parte de los derechos de voto (26,6%)[82].

Gráfico 7. Poder de voto de los miembros del AIIB, en porcentaje

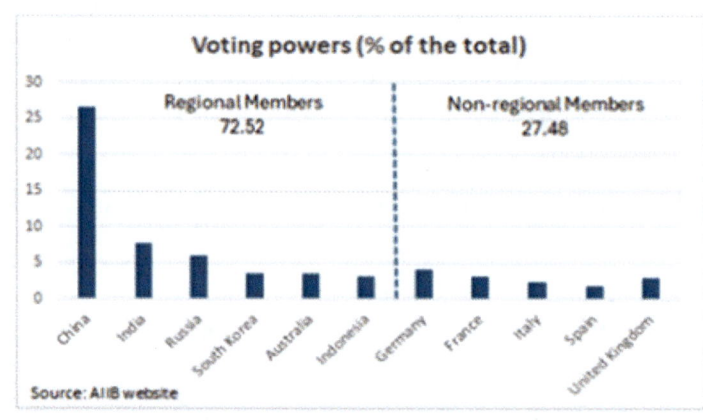

Fuente: Nicolas, F. (2025)

Dado que las decisiones más importantes requieren una super-mayoría de votos, China cuenta *de facto* con un derecho de veto, y no hay decisión que pueda ser aprobada si va en contra de sus intereses.

Entre los países miembro regionales, India se sitúa como el mayor prestatario, casi duplicando a los siguientes (Turquía e Indonesia). Además de ser el segundo mayor accionista, India es el mayor prestatario por número de proyectos (50) y por valor, con proyectos por valor de 10.300 millones de dólares (cerca del 20% de la cartera total del AIIB)[83].

Dada la complicada relación China-India, la destacada posición de India es reflejo de la naturaleza apolítica de la institución.

En sus primeros nueve años de existencia, el banco ha aprobado 303 proyectos (hasta diciembre de 2024), financiando proyectos por valor 58.900 millones de dólares, distribuidos del siguiente modo: un 59% son para gobiernos (financiación soberana) y el 41% restante, para entidades privadas (financiación no-soberana). Casi

---

80   Asian Infrastructure Investment Bank (2025). *Governance: Members and Prospective Members of the Bank*. Asian Infrastructure Investment Bank. Disponible en: https://www.aiib.org/en/about-aiib/governance/members-of-bank/index.html

81   Nicolas, F. (2025). *Op. cit.,* p. 2.

82   *Ibid,* pp. 2-3.

83   *Ibid.,* p. 3.

toda la financiación del AIIB consiste en préstamos, pero el banco también invierte en activos de renta variable (*equity*)[84], como acciones de empresas.

En relación a los sectores en los que el AIIB invierte, el banco dirige su financiación al sector de las infraestructuras sostenibles y al de la conectividad, lo que se refleja en el tipo de proyectos que el AIIB financia. A finales de 2024, el 22% de los proyectos del AIIB estaban enmarcados en el sector energético, el 21% en transportes, y un 17% distribuido en diversos sectores[85].

Gráfico 8. Proyectos aprobados por el AIIB por sector (2016-2024)

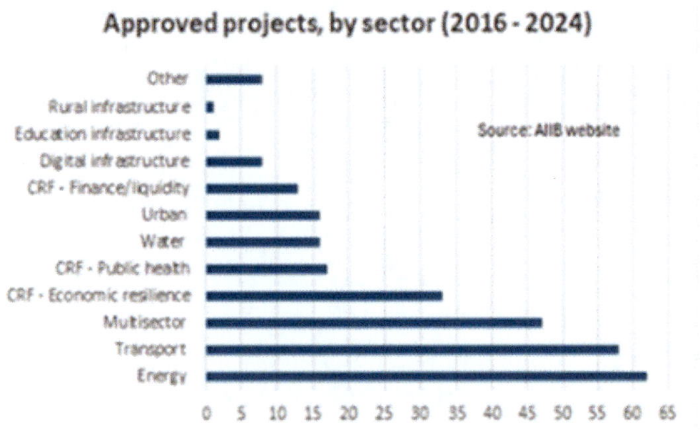

Fuente: Nicolas, F. (2025)

En el momento de su creación, el AIIB se enfrentó al escepticismo de las voces críticas que veían al banco como una potencial herramienta para propagar la influencia de China y financiar la Iniciativa de la Franja y la Ruta del Presidente Xi.

Elevar el perfil de China en el sistema económico internacional es el primero, pero no el único objetivo del AIIB. China tiene problemas de sobrecapacidad en industrias relacionadas con las infraestructuras, como el cemento, el hierro o el acero. Por tanto, el énfasis en todo lo relacionado con las infraestructuras es lógico, ya que atiende a las propias necesidades económicas de China[86]. Esto explica la conexión entre las dos iniciativas –BRI y AIIB.

El banco no es tanto una entidad puramente concentrada en el espacio chino sino una multilateral, diferenciándola de la BRI. Ambas iniciativas han funcionado de manera separada, y los proyectos del BRI son principalmente financiados a través de los dos principales bancos de política económica de China (*policy banks*) –el Banco de Desarrollo de China (*China Development Bank*) y el *China Export-Import Bank*, mientras que el AIIB tiene un papel menor[87].

El caso de India, que es un oponente de la BRI, dado que muestra claros recelos a la misma, pero el principal beneficiario de la financiación del AIIB[88], sugiere que las dos iniciativas no están tan conectadas como podría parecer.

El *Cross-Border Interbank Payment System* (CIPS), o 'Sistema de Pago Interbancario y Transfronterizo' es el sistema de pagos transfronterizos chinos creado por el Banco Popular de China (PBC, por sus siglas en inglés) en 2015, para facilitar el uso internacional del renminbi, y cuyos objetivos son proporcionar un sistema internacional

---

84   *Ibid,* p. 4.

85   *Idem.*

86   *Ibid.,* p. 5.

87   *Idem.*

88   *Idem.*

independiente de pagos y compensación en RMB que conecte el mercado de compensación onshore y offshore y los bancos participantes[89]. Es la alternativa china a la plataforma SWIFT[90].

Figura 4. Participantes a nivel mundial del CIPS

Fuente: Xia, L., Huang, B. (2025)

El CIPS forma parte de la infraestructura financiera de China, y contribuye al desarrollo del centro financiero internacional de Shanghai, promoviendo la apertura del sector financiero, fortaleciendo el apoyo financiero a la economía real china. El CIPS sirve a la Iniciativa de la Franja y la Ruta, y financia y facilita el uso global del RMB.[91]

El CIPS ha sido crucial para perseguir la desdolarización, ya que ha permitido que los pagos denominados en RMB se realicen de un modo más eficiente que a través de los canales previos. Esta infraestructura, sin embargo, no es muy resistente a las sanciones, dada la conectividad que mantienen sus participantes con el dólar y el potencial alcance de las sanciones estadounidenses. Los pagos CIPS en los que intervienen participantes indirectos suelen realizarse a través de SWIFT[92].

Debido en parte a la puesta en marcha del CIPS y otras políticas, la proporción del dólar en los pagos transfronterizos de China continental ha caído significativamente desde 2016, cuando representaba aproximadamente el 70%, hasta menos del 50% en 2023, mientras que la proporción del renminbi se duplicó y superó al dólar por primera vez a comienzos de 2023, alcanzando el 48%. A mediados de 2024, la proporción del renminbi superó el 50%[93].

El desarrollo del CIPS consta de tres fases[94]:

– Primera fase (2015): Lanzamiento del CIPS, con la participación de 11 bancos chinos y 8 entidades extranjeras, con el objetivo de facilitar los pagos en RMB.

– Segunda fase (2015-2020):

- CIPS 1.0 (2015-2017): Apoyo inicial a los pagos transfronterizos en RMB.

- CIPS 2.0 (2017-2020): Expansión de la red global de pagos e incremento en el uso del RMB.

– Tercera fase (2020-actualidad): Incremento en el número de países y entidades bancarias involucradas en los pagos en RMB, consolidando al CIPS como un sistema clave en los pagos internacionales.

---

89   Xia, L., Huang, B. (2025). *Op. cit.* p. 22.

90   SWIFT (*Society for Worldwide Interbank Financial Telecommunication*) es la red internacional que permite a los bancos comunicarse de forma segura para realizar transferencias monetarias y financieras.

91   CIPS (*s.f.*). *Introduction*. CIPS. Disponible en: https://www.cips.com.cn/cipsenmobile/7242/7256/34009/index.html

92   Greene, R. (2024). *Op. cit.*, p. 8.

93   *Ibid.*, p. 9.

94   Xia, L., Huang, B. (2025). *Op. cit.* p. 22.

Se dan algunas diferencias entre el CIPS y SWIFT:

- Función principal: CIPS es un sistema de pagos para procesar y liquidar transacciones transfronterizas en RMB, mientras que SWIFT es una red de mensajería financiera global que facilita la comunicación entre bancos para todo tipo de transacciones financieras.

- Enfoque: CIPS se centra en transacciones en RMB y en promover su internacionalización, mientras que SWIFT opera con múltiples divisas y abarca todo tipo de transacciones financieras.

- Liquidación de pagos: CIPS liquida pagos en RMB en tiempo real o casi real, reduciendo la dependencia en los intermediarios. SWIFT no liquida pagos directamente, sino que depende de los distintos sistemas financieros nacionales.

- Gobernanza: CIPS está operado por la *China International Payment Service,* una compañía supervisada y regulada por el Banco Popular de China (PBC). SWIFT es una sociedad cooperativa propiedad de las instituciones financieras miembro.

- Costes: CIPS tiene múltiples intermediarios, provocando retrasos y mayores tarifas. SWIFT ofrece un servicio más transparente y con menores costes.

A pesar de tener su propio sistema de mensajería bancaria, CIPS aún depende de la red SWIFT para enviar mensajes entre bancos no conectados directamente al CIPS[95].

Juntos, tanto los organismos financieros propios de los BRICS –NBD y CRA–, como aquellos que no son creados por los BRICS, sino impulsados por China, pero que están a su vez relacionados con los BRICS –AIIB y CIPS –, son claves en el avance del proceso de la desdolarización. La mera existencia de estas iniciativas demuestra una voluntad e intencionalidad claras, principalmente por parte de China, pero que suscriben, en mayor o menor grado, todos los miembros de los BRICS, de contrarrestar la hegemonía occidental, y principalmente estadounidense, en relación al sistema financiero mundial.

Sin embargo, en el corto y medio plazo, no parece que el dólar vaya a pasar a un segundo plano o a perder su estatus de reserva de valor y principal medio de pago en el comercio internacional.

2.3. Una divisa común BRICS

Los miembros de los BRICS han discutido la creación de una divisa común para el comercio internacional entre Estados Miembro, pero no se ha dado hasta ahora ningún paso para llevar a cabo esta idea. La creación de la moneda fue planteada por primera vez tras la crisis de 2008. En la cumbre de 2023, los países del grupo acordaron estudiar la posibilidad de crear una divisa común.

Los países BRICS llevan intentando reducir la hegemonía del dólar en el comercio internacional durante más de una década, incrementando el uso de sus propias monedas, principalmente, y en especial el renminbi.

El principal defensor de la idea de una divisa común BRICS es el Presidente de Brasil Lula da Silva, junto con su homólogo ruso, Vladimir Putin. Otras propuestas monetarias, presentadas en la Cumbre de 2023 de Johannesburgo, Sudáfrica, incluyen una nueva criptomoneda o una cesta combinada de monedas BRICS[96].

Sin embargo, una divisa BRICS requeriría un muy alto nivel de compromiso político, incluyendo una unión bancaria, algún tipo de unión fiscal, y una convergencia macroeconómica general. Los desafíos son enormes. Además de los mencionados, otros como los diferentes sistemas políticos o las divergencias en los niveles de desarrollo económico complican la creación de la moneda.

---

95   *Ibid*, p. 23.

96   Ferragamo, M. (2024). *Op. cit.*

No se prevé realista que países como China, Rusia o India, los cuales intervienen activamente en aspectos como el tipo de cambio de sus monedas, o que imponen estrictos regímenes de control de capitales, acepten ceder su soberanía monetaria en manos de un organismo supranacional como un hipotético 'Banco Central BRICS', que dicte su propia política monetaria y en el que los países no tengan un poder de decisión, y tuvieran que acatar las decisiones de tipos de interés y demás aspectos monetarios. Los propios BRICS ya rechazaron esta idea, debido principalmente a las reticencias a la hora de ceder soberanía, y también en parte a las divergencias internas que imposibilitan llegar a alcanzar consensos. El dólar aún se usa en más del 80% del comercio internacional, y muchos expertos dudan acerca de la estabilidad o fiabilidad de una moneda BRICS en cuanto a que pudiera ser utilizada en las transacciones mundiales[97]. Por tanto, no es previsible o realista que en el futuro cercano los BRICS acuerden crear una moneda común.

---

97   *Idem.*

Capítulo 3. Factores de cohesión y disgregación en los BRICS

Los BRICS son un grupo de naciones heterogéneo, con múltiples diferencias y tensiones entre ellos, manifestadas en distintos aspectos: económicos, políticos, geopolíticos, etc.

Sin embargo, y a pesar de ello, el grupo BRICS ha conseguido mantenerse en el tiempo y progresar, ampliando su membresía y con el propósito de seguir ganando influencia y poder, a costa del mundo occidental, principalmente Estados Unidos.

En este capítulo se examinarán cuáles son los factores que unen a los BRICS, y cuáles los dividen, analizando cómo influyen en la supervivencia y el futuro de la alianza.

3.1. Factores de cohesión

Los Estados Miembro de los BRICS tienen numerosas diferencias y desacuerdos entre sí. Mientras que Brasil y Rusia son exportadores de materias primas, China es un importador de las mismas. Brasil, India y Sudáfrica son países democráticos con vibrantes sociedades civiles, mientras que China y Rusia son regímenes autocráticos. Brasil y Sudáfrica son potencias no nucleares, a diferencia de China, India y Rusia, que cuentan con arsenales nucleares[98]. Pero quizá lo más preocupante sea el conflicto fronterizo que mantienen China e India.

Aún así, en vez de deshacerse, los lazos diplomáticos y económicos de los BRICS se han fortalecido, y la pertenencia al grupo ha pasado a ser un elemento importante de la política exterior de cada miembro. Ni siquiera los cambios ideológicos (elecciones de Narendra Modi en India en 2014, y de Jair Bolsonaro en Brasil en 2018) han alterado significativamente el compromiso de los países para con los BRICS[99].

A pesar de los numerosos desacuerdos y tensiones existentes, los países miembros de los BRICS tienen en común más de lo que podría parecer desde el punto de vista occidental. Destacan cuatro aspectos[100]:

– Primero, todos los miembros de los BRICS ven la emergencia de la multipolaridad como inevitable y generalmente deseable, e identifican al bloque como un medio para conseguir un rol más activo en el diseño del 'orden global post-occidental.'

– Segundo, estar en los BRICS proporciona un acceso privilegiado a China. Brasil y Sudáfrica, en particular, que solo tenían un acceso limitado a China antes de la fundación del grupo, se han beneficiado de estar en los BRICS, a medida que van adaptándose a un mundo más centrado en China. La membresía BRICS ha conferido a sus países una participación fundacional en el Nuevo Banco de Desarrollo.

– Tercero, los miembros BRICS se han tratado los unos a los otros como amigos, por lo general, ofreciendo apoyo en momentos de aislamiento internacional, ya que respaldaron a Rusia tras la anexión de Crimea en 2014, y a Bolsonaro tras la derrota de Trump. Desde la invasión de Ucrania en 2022, Rusia ha seguido contando con el apoyo de los BRICS: apoyo diplomático y económico de China, ayuda para eludir las sanciones por parte de India, participación en ejercicios militares junto a Sudáfrica, y validación de las narrativas rusas por parte de Brasil. Sin este respaldo, Moscú estaría sin duda en una peor situación.

– Por último, ser miembro de los BRICS crea un prestigio, estatus y legitimidad considerables. Brasil, Rusia y Sudáfrica han sufrido estancamiento durante años, y ahora son potencias emergentes.

---

98   Stuenkel, O. (2023). *BRICS Faces a Reckoning*. Foreign Policy. Disponible en: https://foreignpolicy.com/2023/06/22/brics-summit-brazil-russia-india-china-south-africa-putin-nonalignment-global-south/

99   *Idem.*

100   *Idem.*

Los BRICS, a pesar de sus diferencias, que serán analizadas en el siguiente apartado, tienen un atractivo que ha motivado a muchos países a querer formar parte del bloque. Prueba de ello es la iniciativa BRICS Plus, propuesta por China por primera vez en 2017, en la Cumbre de Xiamen, en China; o el hecho de que, además de las adhesiones de países como miembros plenos de los BRICS, hasta otros 10 países (entre ellos Malasia o Tailandia), hayan conseguido el estatus de socios.

Un factor que explica la unidad dentro de los BRICS es su posición frente a Occidente, cuestionando su papel dominante Un ejemplo es Rusia, que de no ser por la ayuda brindada por las demás naciones BRICS, estaría en una peor situación de cara a la guerra en Ucrania. De hecho, en 2022, tras la invasión de Ucrania, el G7 introdujo un mecanismo para limitar el precio del petróleo que limitaba a su vez los ingresos de guerra para el Kremlin, reteniendo los flujos rusos al mercado mundial[101].

Mientras tanto, India y China incrementaron sus importaciones de crudo ruso (con descuento) desde el comienzo de la guerra, y Moscú se ha convertido en el principal exportador de crudo hacia India, representando cerca del 40% de las importaciones petrolíferas indias[102].

Una de las claves más importantes del éxito de los BRICS desde el año 2009 es su capacidad para eludir los desacuerdos internos y concentrarse en aquello que les une, como el deseo de construir un mundo más multipolar y fortalecer las relaciones Sur-Sur[103].

3.2. Factores de disgregación

Las diferencias y las tensiones a las que se enfrentan los BRICS como alianza, y que se manifiestan en distintos ámbitos –político, geopolítico, económico, o ideológico– amenazan con comprometer la cohesión y estabilidad del grupo en los próximos años.

a) Divergencias ideológicas y políticas

Rusia y China son autocracias. Brasil, India y Sudáfrica son democracias representativas, a pesar de no ser perfectas.

La coexistencia de diversos modelos políticos democráticos y autocráticos parece no impedir el progreso del grupo, pero sí es cierto que la diversidad de sistemas políticos y perspectivas ideológicas en la alianza constituye una barrera para la cohesión de los BRICS como grupo.

A la hora de tomar decisiones, que se llevan a cabo por consenso, las distintas perspectivas ideológicas podrían limitar la capacidad de llegar a acuerdos, especialmente en cuestiones relacionadas con los derechos humanos o la gobernanza del grupo.

En su misión de presentar un frente unificado en contra del orden global existente y dominado por Occidente y EE.UU., estas disparidades amenazan y dificultan la habilidad de los BRICS para lograrlo.

b) Heterogeneidad en la respuesta hacia la invasión de Ucrania

La invasión y la guerra de Ucrania han complicado aún más la cohesión dentro de los BRICS, y han limitado la capacidad para emitir una respuesta conjunta como bloque, respuesta que no se ha dado. Ha ampliado las fisuras dentro de los BRICS, y ha complicado aún más la relación entre China y Occidente.

La invasión desencadenó una condena generalizada, provocó la decisión de imponer sanciones hacia Rusia por parte de Occidente, e incrementó la presión diplomática para suspender relaciones con Moscú, lo cual desconcertó

---

101 Ying Shan, L. (2023). *Western sanctions on Russia could push the BRICS alliance closer*. CNBC. Disponible en: https://www.cnbc.com/2023/09/11/western-sanctions-on-russia-could-push-the-brics-alliance-closer-appec.html

102 *Idem.*

103 Stuenkel, O. (2023). *Op. cit.*

a los miembros de los BRICS, ya que la reacción hacia la agresión fue distinta según el país. Estos son algunos ejemplos de la heterogeneidad en la respuesta hacia la invasión:

– China, el país y aliado más cercano a Rusia en los BRICS, ha preferido no condenar explícitamente la invasión, lo que ha generado fricciones dentro del grupo, acentuando las divisiones internas. Además, contribuye al esfuerzo militar ruso mediante el envío de materiales de doble uso.

– India está comprometida con los principios de la cooperación multilateral y la multipolaridad, basados en la soberanía de los Estados independientes y en un orden basado en normas. India intenta mantener su posición de neutralidad respecto a la guerra, pero tampoco comparte las narrativas occidentales del todo. En cambio, cree en los intereses de seguridad de Rusia en la región, con el trasfondo de su antigua oposición a las ambiciones de expansión de la OTAN. Además, India se ha beneficiado de un incremento significativo del comercio con Rusia, principalmente debido al petróleo.

– Sudáfrica está comprometida con el multilateralismo, y prefiere mantenerse en una posición de no-alineamiento.

– Brasil, el país de los BRICS más alejado de Rusia en términos geográficos, ha continuado con su política exterior de no-alineamiento, al igual que Sudáfrica.[104]

Respecto a las sanciones, Sudáfrica o Brasil se han decantado por una postura intermedia, mientras que otros miembros han ignorado las sanciones occidentales. De hecho, las sanciones al petróleo y otros productos de primera necesidad podrían estar uniendo a los BRICS[105]. Por ejemplo, India y China se benefician de descuentos en el precio del crudo ruso debido a la necesidad de venta de Rusia, ya que no es capaz de hacerlo en el mercado occidental, a causa de las sanciones.

En ocasiones, la política exterior de Rusia en Europa del Este y Oriente Medio ha contradicho los objetivos de otros países BRICS. La anexión de Crimea y su rol en la crisis siria han intensificado el malestar con los países occidentales, frente a los objetivos colectivos de los BRICS en las cuestiones mundiales. En particular, India y Brasil han sido cuidadosos a la hora de alinearse completamente con Rusia, a causa de sus vitales conexiones económicas y diplomáticas con Occidente[106].

c) Distintos enfoques en relación a la expansión del bloque

China es el principal responsable de la expansión de los BRICS, reflejada en la iniciativa BRICS Plus, pero su plan de expansión revela las contradicciones y tensiones existentes en el seno del grupo. Rusia, debilitada por la guerra y las sanciones, ve con buenos ojos la expansión de los BRICS, pero otros miembros, como Brasil, India y Sudáfrica, se muestran escépticos. Es de nuevo otra manifestación de las divergencias políticas, económicas y militares de una alianza mucho más heterogénea que el G7[107].

La iniciativa de expansión de Pekín forma parte de un mayor plan por parte de Xi Jinping para remodelar el sistema internacional y ajustarlo a los intereses chinos. Sin embargo, el ímpetu expansivo conlleva el mencionado riesgo de exponer las divisiones internas de los BRICS sobre el propósito y los objetivos del grupo.

India parece ser la principal voz crítica en el grupo, debido a su creciente importancia económica y geopolítica. India muestra preocupación acerca de ciertos países aspirantes a adherirse al grupo, como Cuba o Bielorrusia –países que actualmente gozan del estatus de socios –, ya que teme que se conviertan en 'mini-Rusias', que repitan los argumentos de Pekín[108], y que consoliden a los BRICS como una herramienta de la política exterior china, restando soberanía y poder de decisión a India dentro del grupo.

---

104   Sharshenova, A. (2023). *The impact of the war in Ukraine of the BRICS: Six takeaways from an expert discussion*. The Foreign Policy Centre. Disponible en: https://fpc.org.uk/the-impact-of-the-war-in-ukraine-on-the-brics-six-takeaways-from-an-expert-discussion/

105   Ferragamo, M. (2024). *Op. cit.*

106   Moch, E. (2024). *Op. cit.*, p. 93.

107   The Economist (2023). *The BRICS bloc is riven with tensions*. The Economist. Disponible en: https://www.economist.com/international/2023/08/17/the-brics-are-getting-together-in-south-africa

108   *Idem.*

Mientras Rusia y China quieren convertir al bloque en la vanguardia de su esfuerzo anti-estadounidense, otros miembros como India y Brasil insisten en que el grupo no es de tipo anti-occidental, y que quieren utilizar al grupo para el beneficio del Sur Global[109].

Brasil e India llevan tiempo siendo reacios a la idea de añadir nuevos miembros a los BRICS, ya que consideran que un club 'diluido' con potencias de menor orden les ofrecería menos ventajas. Temen que la expansión pueda conllevar una pérdida de influencia dentro del grupo. Bajo su punto de vista, los nuevos miembros accederían de un modo más sencillo a Pekín, lo que haría que las posiciones de los BRICS estuvieran más centradas en China, y que fueran menos moderadas[110]. Es decir, temen la politización del grupo.

Algunas consecuencias de este cambio de enfoque es que, además de Kazajistán, otros países como Argentina o Serbia, rechazaron unirse a los BRICS, declarando que "no querían formar parte de una agenda política"[111].

Otro ejemplo es Irán, cuya admisión pone en riesgo la consolidación de la reputación y cohesión del grupo, al verse como un bloque puramente anti-occidental dentro de un orden global cada vez más dividido y caótico. Dicha percepción pueden disuadir a otros países[112], como ya ha hecho con los tres mencionados.

En teoría, cada miembro de los BRICS tiene un poder de veto sobre las decisiones del grupo, pero las importantes asimetrías presentes en el grupo (diferencias de PIB, por ejemplo) crean jerarquías informales[113].

El grupo mantiene su atractivo para las naciones del Sur Global que buscan una mayor influencia mundial. Pero si China, Rusia e Irán impulsan cada vez más un enfoque anti-occidental agresivo, podría poner en peligro la decisión de adhesión de otros países que no desean tener que elegir entre Occidente y sus adversarios.

d) Disparidades económicas y estructurales

La heterogeneidad de los BRICS también se manifiesta en el terreno económico. Como se ha comentado, el PIB de China representa más del doble que el de los otros cuatro miembros combinados, y las economías del resto de miembros apenas pueden competir con la china[114]. Además, las estructuras económicas de los países BRICS son muy diversas, dificultando la coordinación en materia de política económica y comercial, dada esta heterogeneidad, que se manifiesta en distintas áreas, enfoques, y realidades económicas:

- El PIB *per cápita* de India, el miembro de los BRICS más pobre de acuerdo a esta variable, representa aproximadamente una quinta parte del de China y Rusia (2,480 dólares de India, frente a 12,614 de China y 13,817 de Rusia en 2023, según datos del Banco Mundial[115]).

- China y Rusia registran superávits por cuenta corriente, mientras que el resto de miembros registran déficits.

- Rusia, importante miembro del cártel OPEP+, y Brasil, son exportadores netos de petróleo, mientras que China, India y Sudáfrica dependen de las importaciones del crudo.

- China gestiona activamente el tipo de cambio de su moneda –el RMB –, mientras que los otros cuatro miembros intervienen con menor frecuencia, en comparación[116].

Todas estas disparidades económicas dificultan los intentos del bloque de cambiar el orden económico global. La inestabilidad política y económica dentro de los propios países pone en riesgo la confianza hacia el grupo. Dos

---

109 Dixon *et al.*, (2024). *BRICS is key to Putin's fight against the U.S. Not all members agree*. The Washington Post. Disponible en: https://www.washingtonpost.com/world/2024/10/21/russia-brics-ukraine-america-india/

110 Stuenkel, O. (2023). *Op. cit.*

111 Dixon *et al.*, (2024). *Op. cit.*

112 *Idem.*

113 Stuenkel, O. (2023). *Op. cit.*

114 Moch, E. (2024). *Op. cit.*, p. 97.

115 Banco Mundial (*s.f.*). *GDP per capita (current US$) - India, Russian Federation, China*. World Bank Group. Disponible en: https://data.worldbank.org/indicator/NY.GDP.PCAP.CD?locations=IN-RU-CN

116 The Economist (2023). *Op. cit.*

ejemplos de ello son Brasil y Sudáfrica, que en la década de 2010 han enfrentado situaciones de recesión económica, corrupción crónica e infraestructuras decadentes[117].

Los BRICS deben gestionar las implicaciones prácticas de sus estructuras económicas diversas y sus niveles de desarrollo. China es una potencia económica, con diferentes prioridades y capacidades comparada con Sudáfrica, por ejemplo. Subsanar estas diferencias económicas dentro de la alianza requiere una cooperación efectiva, algo que cada vez se prevé más complicado, dados los crecientes problemas de cohesión interna dentro del grupo.

e) Rivalidades y tensiones internas

Una cuestión que dificulta la unidad y convergencia de los BRICS son los distintos conflictos, rivalidades y tensiones internas entre sus integrantes. La más importante y preocupante es la existente entre India y China, en relación a su frontera en el Himalaya. Pero también existen otros conflictos, que, debido a la expansión del grupo, se han importado, como las tensiones en Oriente Medio, protagonizadas por Irán, Arabia Saudí y otros actores en la región; o el conflicto entre Egipto y Etiopía en el Río Nilo.

China e India son dos de las mayores economías y de los actores más poderosos a nivel global. China se ha proclamado como la alternativa a Estados Unidos, a través de enormes inversiones en países en desarrollo y la construcción de infraestructuras, principalmente a través de la Iniciativa de la Franja y la Ruta. India, por su parte, ha buscado ganar influencia posicionándose como un intermediario –entendiendo los intereses del Sur Global, al mismo tiempo que ejerciendo influencia con EE.UU.[118]

El bloque es realmente diverso. Irán y Arabia Saudí (que no ha dejado claro realmente si desea unirse o no al bloque) compiten como potencias regionales en Oriente Medio; Egipto y Etiopía han tenido diferentes conflictos en torno a la gobernanza del Nilo; y las escaramuzas entre China e India son bien conocidas[119]. A continuación, se destacan los conflictos internos más relevantes y que podrían comprometer el futuro de los BRICS:

La relación bilateral entre China e India

- Naturaleza de la rivalidad

La rivalidad entre China e India no es nueva, ya que viene de hace tiempo. En 1955, la celebración de la conferencia Asia-África en Bandung, Indonesia, supuso la primera reunión de países del Sur Global. Los países se centraron en problemas relacionados con el colonialismo y la discriminación racial. Fue en esta conferencia donde China e India comenzaron a disputarse el liderazgo del Sur Global[120].

Tras la relación bilateral China-EE.UU., la relación China-India es probablemente la más importante en la política internacional contemporánea, y seguramente sea la que defina gran parte del siglo XXI. Las dos naciones asiáticas son las dos más pobladas a nivel mundial, representando cerca del 40% de la población, y son la segunda, y pronto la tercera, mayores economías a nivel global, respectivamente[121].

Ambos Estados compiten por la influencia y el liderazgo del emergente orden global multipolar y del Sur Global, así como de la influencia en Asia Meridional. A pesar de las tensiones existentes respecto a su frontera compartida, este no es el único factor desde el que se debe analizar la compleja relación. La disputa es más bien un síntoma de una mayor rivalidad geopolítica entre dos países que se perciben a sí mismos como "civilizaciones-Estado"[122]. Las

117 Ferragamo, M. (2024). *Op. cit.*

118 Chatterjee, M. (2024). *China and India Compete for Leadership of the Global South.* Council on Foreign Relations. Disponible en: https://www.cfr.org/blog/china-and-india-compete-leadership-global-south

119 Huland, G. (2025). *BRICS: growth of China-led bloc raises questions about a rapidly shifting world order.* The Conversation. Disponible en: https://theconversation.com/brics-growth-of-china-led-bloc-raises-questions-about-a-rapidly-shifting-world-order-248075

120 Chatterjee, M. (2024). *Op. cit.*

121 Bajpaee, C., Jie, Y. (2025). *How China–India relations will shape Asia and the global order.* Londres: Royal Institute of International Affairs. p. 1. Disponible en: https://www.chathamhouse.org/sites/default/files/2025-04/2025-04-23-how-china-india-relations-will-shape-asia-global-order-bajpaee-jie.pdf

122 *Idem.*

recientes tensiones en el Valle de Galwan en junio de 2020 contribuyeron mucho a reforzar esta visión. Se alcanzó un acuerdo fronterizo en octubre de 2024, un importante paso para asegurar el bienestar de la relación[123].

Sin embargo, los errores más profundos en la relación permanecen inalterados, y el riesgo de futuros enfrentamientos y escaramuzas debe ser tenido en cuenta. Un conflicto a gran escala entre ambos países es improbable, pero también lo es un acercamiento duradero[124].

A medida que China e India se convierten en actores geopolíticos cada vez más predominantes, con más herramientas y plataformas de proyección de su poder, e interactúan entre sí, su ascenso está añadiendo nuevas capas en su rivalidad, las cuales abarcan desde la competencia geoeconómica hasta las divergencias en los asuntos globales.

La soberanía y el estatus son aspectos claves en la difícil relación entre los dos países. En cuanto a la soberanía, los asuntos del Tíbet para China, y de Cachemira para India, están interrelacionados con su disputa fronteriza. En relación al estatus, China permanece decidida a no reconocer a India como un igual –lo que genera frustración en Nueva Delhi[125].

Esta 'condescendencia' por parte de Pekín alimenta el dilema de seguridad entre ambos países, particularmente a medida que China se inclina a percibir a India más como un simple peón envuelto en la consecuente competencia geopolítica con Estados Unidos que a un rival al mismo nivel.

Al mismo tiempo, existen diversas áreas de convergencia entre ambos países, que son a menudo obviadas por Occidente. Los dos países mantienen perspectivas del mundo parecidas –como se refleja en sus posiciones en torno a la soberanía; la inclinación a verse como civilizaciones-Estado y como líderes del Sur Global; y su impulso hacia una distribución más equitativa del poder en la gobernanza global[126].

Sin embargo, China e India no trabajan conjuntamente para conseguir un objetivo compartido. Existen importantes similitudes, pero estas no deben ser malinterpretadas.

- Desequilibrios materiales y estratégicos

El desequilibrio material entre ambas naciones es notorio – la economía china es cinco veces mayor que la india[127].

La diferencia entre ambas economías seguirá viéndose profundizada en el futuro próximo, incluso aunque India sea la economía con mayor ritmo de crecimiento y que esté en rumbo de superar a Alemania y a Japón como tercera mayor economía antes del fin de la década de 2020[128]. En los dos siguientes gráficos podemos apreciar las notorias diferencias en la evolución tanto del PIB de China e India, como en el gasto en defensa de ambos países, ya que el presupuesto de defensa de China triplica al de India[129].

---

123 *Idem.*

124 *Idem.*

125 *Idem.*

126 *Ibid*, p. 2.

127 *Ibid*, p. 3.

128 *Ibid*, p. 11.

129 *Idem.*

Gráfico 9. PIB de India y China en billones de dólares (1990-2022)[130]

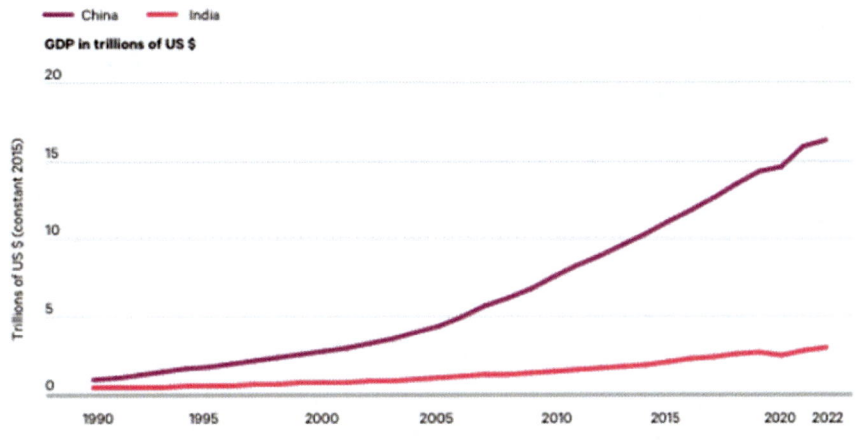

Fuente: Bajpaee, C., Jie, Y. (2025)

Gráfico 10. Gasto de defensa de India y China en miles de millones de dólares (2000-2022)[131]

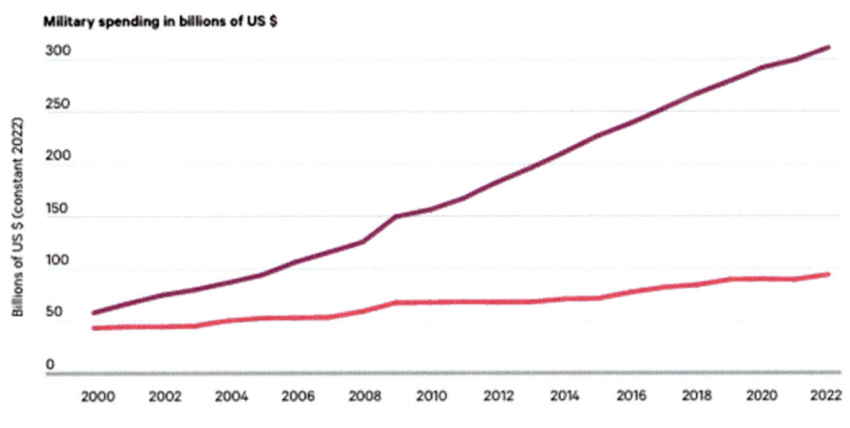

Fuente: Bajpaee, C., Jie, Y. (2025)

Desde el punto de vista de Nueva Delhi, la relación económica entre India y China es tanto una fuente de resentimiento como una necesidad. Por un lado, los datos del Banco Mundial revelan un desequilibrio comercial creciente. Las exportaciones chinas hacia India superaron los 100.000 millones de dólares, mientras que las exportaciones indias hacia China tan solo fueron de 15.000 millones de dólares. Nueva Delhi ha atribuido la diferencia al uso por parte de Pekín de barreras no arancelarias[132].

Por el otro lado –y pese a su difícil relación política – China sigue siendo el principal socio comercial de India, ya que India depende en gran medida de China.

Desde India, se asume que el país no puede cumplir sus ambiciones y convertirse en un polo de producción a escala global sin los componentes, la tecnología, y las materias primas procedentes de China[133]. Es decir, un fenómeno de 'desacoplamiento' no es ni factible ni deseable, ya que a pesar de las tensiones existentes y las que puedan surgir en el futuro, el comercio es uno de los pocos aspectos que contribuyen a la estabilidad de la relación bilateral, y la dependencia de India hacia China es demasiado importante como para obviarla.

---

130   Cantidades expresadas en el gráfico en trillones americanos, equivalente a billones europeos.

131   Cantidades expresadas en el gráfico en billones americanos, equivalente a miles de millones europeos.

132   *Ibid*, p. 16.

133   *Idem.*

- Rivalidad en foros regionales y globales

La rivalidad también se ha manifestado en la oposición de ambos al rol 'ampliado' del otro en los foros regionales y globales. India es desde hace tiempo reacia a las iniciativas regionales y globales lideradas por China, siendo la principal la Iniciativa de la Franja y la Ruta. India es el único país del sur de Asia que no la respalda[134].

La decisión de India en 2019 de abandonar las negociaciones para unirse al *Regional Comprehensive Economic Partnership* (RCEP) –el mayor acuerdo multilateral de libre comercio de Asia –, se debió en parte a la preocupación de Nueva Delhi de que el RCEP provocara que los productos chinos inundaran el mercado indio, reduciendo así la competitividad de sus empresas[135].

Mientras que ambas naciones puedan adoptar posiciones similares en los asuntos de la gobernanza global, como la reforma de las instituciones internacionales, éstas se persiguen en paralelo, no de forma conjunta.

Mientras tanto, China es el único miembro permanente del Consejo de Seguridad de Naciones Unidas que no respalda la candidatura de India para conseguir un asiento permanente en él[136].

La situación entre China e India se ve empeorada por la tradicional amistad de China y Pakistán. De hecho, la constante preocupación por China es una de las razones de la participación de India en los BRICS. Aunque evite las alianzas formales, también ha intensificado su participación en el *Quad*, la alianza estratégica de seguridad y cooperación en la región Indo-Pacífico, junto con EE.UU., Japón y Australia, por la misma razón[137]. China, por su parte, desconfía del acercamiento de India hacia Occidente, principalmente a través del *Quad*, ya que lo percibe como una manera de 'cercar' a China en la región.

Otros conflictos relevantes

- Irán y Arabia Saudí

Aunque oficialmente Arabia Saudí no forme parte de los BRICS, es relevante traer a colación la crucial rivalidad que mantiene con Irán en Oriente Medio. El Estado saudí fue formalmente invitado a unirse a la alianza en 2023, pero tras ciertos episodios de ambigüedad y de confirmar en un primer momento su interés en unirse para posteriormente negarlo, Arabia Saudí no deja clara su intención de unirse o de no hacerlo. Sin embargo, Arabia Saudí es un actor realmente importante, por su influencia económica, política, militar, e incluso religiosa y cultural.

Irán, por su parte, se unió a la alianza BRICS Plus en 2024. Ambos países llevan décadas enfrentados en diversos ámbitos: en el religioso, ya que Arabia Saudí es el referente del Islam suní, mientras que Irán lo es del chií; en el regional, al disputarse ambos la hegemonía de Oriente Medio, manifestado en la voluntad de ejercer influencia en distintos países, como Yemen, Siria o Líbano; o en el económico, ya que ambos son importantes productores y exportadores de petróleo. Arabia Saudí tiene una mayor relación con Occidente, mientras que Irán, enemigo declarado de Israel y Occidente, y sometido a las sanciones occidentales, busca alianzas con actores como China o Rusia.

La admisión de Irán dejó ver la dirección futura del bloque, hacia una mayor ideologización y politización que se aleja del espíritu inicial de pragmatismo comercial y financiero. Este es un factor que claramente pone en riesgo la cohesión interna del grupo y genera rivalidades y tensiones adicionales. A su vez, complica la adhesión de países que no deseen posicionarse en contra de Occidente y de EE.UU. principalmente, al generar dicha percepción.

---

134 *Ibid*, p. 19.

135 *Ibid*, p. 20.

136 *Idem.*

137 Nye, Jr., J. (2025). *What are the BRICS good for?*. *Project Syndicate.* Disponible en: https://www.project-syndicate.org/commentary/brics-china-russia-india-do-not-represent-global-south-and-have-own-rivalries-by-joseph-s-nye-2025-01

- Egipto y Etiopía

Egipto y Etiopía, otros dos recientes miembros de los BRICS (ambos se unieron en 2024), también mantienen una intensa rivalidad en relación al control de las aguas del Nilo. Etiopía está construyendo una presa en el Río Nilo, la 'Presa del Gran Renacimiento Etíope' (GERD, por sus siglas en inglés)[138]. El Nilo proporciona a Egipto cerca del 90% de su suministro de agua[139], por lo que cualquier alteración en el caudal del río puede tener consecuencias negativas para Egipto. El objetivo de Etiopía con la presa, que es el mayor proyecto hidroeléctrico de África, es aliviar la situación de escasez energética en Etiopía y exportar electricidad a países vecinos[140]. Es una situación tensa, ya que Egipto considera el agua como un asunto de seguridad nacional, y percibe la GERD como una amenaza existencial. Cualquier escalada en las tensiones podría terminar desencadenando un conflicto, complicando aún más la cohesión y el bienestar de los BRICS.

Otros casos

También existen otros focos de tensión o perspectivas divergentes que merece la pena comentar para reflejar la multitud de tensiones y de factores de disgregación que se dan en el bloque.

Por ejemplo, en el caso de Sudáfrica, el país presidido por Cyril Ramaphosa se encuentra en una posición ambivalente y de cierta equidistancia, manteniendo un equilibrio frágil entre sus intereses con Occidente y con los BRICS. Por ejemplo, en el primer aniversario de la guerra en Ucrania, Sudáfrica enfadó a Occidente por la realización de un ejercicio militar naval junto con China y Rusia. Pero el Presidente Ramaphosa no quiere presionar demasiado a Occidente, ya que las principales fuentes de IED provienen de potencias occidentales, y Sudáfrica también lleva a cabo ejercicios militares con países de la OTAN. Prefiere mantener unas condiciones comerciales ventajosas con EE.UU[141]. Por tanto, Sudáfrica se enfrenta a un dilema, ya que formar parte de los BRICS ha comenzado a traducirse en un coste tangible para el país, al afectar negativamente a sus lazos con EE.UU. y Europa.

En cuanto a Brasil, durante la Presidencia de Jair Bolsonaro (2019-2023), se produjeron tensiones con China. Bolsonaro, muy alineado ideológicamente con Trump, adoptó una postura muy crítica con Pekín, lo que generó una desconfianza hacia el país latinoamericano, y su papel dentro de la alianza se vio debilitado. En cambio, el enfoque de Lula da Silva es más sutil, ya que le gustaría reducir lo que percibe como el rol hegemónico de EE.UU. en el mundo, de ahí su entusiasmo hacia los BRICS, que ayudó a crear durante su primer mandato en la década de los 2000. Al mismo tiempo, Lula entiende la necesidad de mantener buenas relaciones con Occidente, que es su principal fuente de IED y de armamento.[142]

f) El dilema anti-occidental

En el corto plazo, la visión de los BRICS de rediseñar el actual orden global y dar paso a uno de índole multipolar, donde el poder es distribuido de un modo más equitativo entre las naciones enfrenta desafíos sustanciales, a consecuencia de diversos factores. En particular, Rusia y China enfrentan problemas económicos y geopolíticos, que afectan a su habilidad para ejercer influencia en la escena global.

La imposición de sanciones contra Rusia y la ralentización económica en China –debido, entre otros factores, a problemas en el mercado inmobiliario–, han tensionado sus capacidades de transformar el orden internacional[143].

---

138 *Idem.*

139 Vision of Humanity (2021). *Battle for Resources: Ethiopian Dam Plans Raise Tensions. Vision of Humanity.* Disponible en: https://www.visionofhumanity.org/battle-for-resources-ethiopian-dam-plans-raise-tensions/#:~:text=The%20construction%20of%20the%20Ethiopian%20dam%2C%20a%20large,river%20and%20has%20become%20flashpoint%20for%20geopolitical%20tensions

140 International Hydropower Association (*s.f.*): *Ethiopia - Grand Ethiopian Renaissance Dam (GERD).* International Hydropower Association. Disponible en: https://www.hydropower.org/sediment-management-case-studies/ethiopia-grand-ethiopian-renaissance-dam-gerd

141 The Economist (2023). *Op, cit.*

142 *Idem.*

143 Beraldo, S. (2023). *The BRICS and the Challenge of Challenging the Global Order.* IREF - The Institute for Research in Economic and Fiscal Issues [blog], 20-12-2023. Disponible en: https://en.irefeurope.org/publications/online-articles/article/the-brics-and-the-challenge-of-challenging-the-global-order/

La solidez de los BRICS depende de factores externos y de dinámicas económicas internas. A largo plazo, su principal obstáculo para llegar a ser una fuerza hegemónica global consiste en las diversas situaciones de cada país y los diferentes motivos detrás de sus acciones.

A modo de resumen, podríamos clasificar a los países BRICS en dos grandes grupos, dependiendo del enfoque con el que dirigen su participación en el bloque:

– En primer lugar, un primer bloque, consistente en aquellos países que ven al bloque como una entidad política, cuyo principal objetivo debería ser, ante todo, contrarrestar a Occidente (EE.UU. principalmente), en vez de primar el lado comercial y financiero, de un modo pragmático. Los dos mayores valedores de esta filosofía serían China y Rusia, junto con Irán, que se oponen frontalmente a Occidente, y que ven a los BRICS como un modo de ganar poder e influencia política a nivel global, para de ese modo tener un poder de negociación mayor.

– En segundo lugar, países que ven a los BRICS de un modo pragmático, como un instrumento para mejorar su posición en términos puramente comerciales y financieros, pero que no desea generar tensiones con Occidente, ni perder las relaciones con él. En este grupo se encontrarían Brasil e India, que mantienen importantes lazos comerciales con los países occidentales, y que no aprueban la reciente senda de politización que atraviesa el grupo, impulsada principalmente por China.

La existencia de estos dos bloques es un foco de tensión importante, ya que si cada vez se va perdiendo el consenso más, y las tensiones aumentan, no será posible tomar decisiones, y el grupo perderá su capacidad de actuación conjunta.

Por último, los BRICS sirven para distintos propósitos en función del país. Como vía para escapar del aislamiento diplomático, el grupo es útil para Rusia. Como herramienta diplomática para proyectar liderazgo en el mundo en desarrollo, lo es para China. Como canal para contrarrestar a China, es útil para India. Y como escenario de progreso en el desarrollo nacional, en ocasiones ha sido útil para Brasil y Sudáfrica[144].

3.3. Valoración de los factores de cohesión y disgregación e implicaciones para el futuro de los BRICS

Teniendo en cuenta todos los factores, tanto de cohesión, como de disgregación, claramente son más numerosos los últimos. Y a pesar de todas las tensiones existentes, es una realidad que los BRICS han resistido y que siguen funcionando, aunque no sin problemas. Es decir, su heterogeneidad no ha impedido su avance y su mayor influencia a nivel global en diversos ámbitos: político, económico, de representación en las organizaciones multilaterales, etc.

Sin embargo, el futuro del grupo se ve comprometido por las numerosas y crecientes divergencias, tanto por la adhesión de nuevos miembros que mantienen conflictos, algunos desde hace décadas –India con China, Irán con Arabia Saudí, o Egipto con Etiopía.

Queda por ver si factores como el interés común por reformar el orden internacional, avanzar en la multipolaridad, en el debilitamiento del dólar, o el fortalecimiento del Sur Global en contraposición a Occidente y el G7, podrán sobreponerse a otros factores como las rivalidades geopolíticas, las notables disparidades en los niveles de desarrollo económico, o la falta de cohesión, para, en última instancia, garantizar el futuro de los BRICS como bloque, o si por el contrario, las diversas y numerosas diferencias les condenarán a la disolución, y por tanto, a una nueva victoria de Occidente.

En palabras de Ángel Gómez de Agreda, "las diferencias en los BRICS solamente afectarían en el caso de materializarse en un conflicto abierto, lo que evidentemente haría incompatible la cooperación en el ámbito de los BRICS. Mientras que la realidad permanezca en la zona gris sin conflictos declarados, sí se podrá seguir profundizando en el objetivo interno de los BRICS, independientemente de las rivalidades entre los países."[145]

---

144   Nye, Jr., J. (2025). *Op. cit.*

145   Ver en Anexo.

Capítulo 4. los BRICS en la estrategia internacional de China

En este capítulo se analizará la manera en la que China integra a los BRICS en su estrategia de política exterior, señalando cómo China es de facto el líder de los BRICS, analizando su iniciativa principal, que es la Iniciativa de la Franja y la Ruta (BRI), y examinando el modo en el que la BRI interactúa con los BRICS. Además, se ofrecen unas perspectivas de futuro en relación a la reconfiguración del orden global.

4.1. China: Líder de los BRICS

China es, de facto, el líder de los BRICS. Así lo avala su peso económico, siendo la segunda mayor potencia económica del mundo, y con un PIB que es más del doble que el del resto de miembros de manera combinada[146]; su poder e influencia política –China es miembro permanente del Consejo de Seguridad de Naciones Unidas; su peso militar– China cuenta con el segundo mayor presupuesto militar del mundo[147]; o su relevancia y poder tecnológico – China destaca en sectores como la Inteligencia Artificial o las telecomunicaciones.

Hay algunos miembros de los BRICS que son miembros permanentes del Consejo de Seguridad de Naciones Unidas, como Rusia; hay otros que cuentan con grandes economías que registran elevadas tasas de crecimiento, como India; otros son líderes regionales y actores relevantes, como Brasil o Sudáfrica; y otros cuentan con importantes ejércitos, como Rusia o India. Sin embargo, China es todo ello a la vez, y por tanto, su superioridad es incontestable actualmente.

China ve a los BRICS como un mecanismo único y valioso para relacionarse con el Sur Global. En julio de 2023, mes previo a la 15º Cumbre BRICS de Johannesburgo, Wang Yi, alto diplomático chino, describió a los BRICS como "la plataforma más importante de cooperación entre los mercados emergentes y los países en desarrollo"[148].

Xi Jinping mantuvo reuniones individuales con los líderes de diez países, incluyendo a Bangladesh, Cuba, Etiopía e Irán. Xi también co-presidió el Diálogo de Líderes China-África, junto con el Presidente Cyril Ramaphosa, durante el cual anunció nuevas iniciativas para apoyar la industrialización de África, la modernización agraria, y el desarrollo del talento[149].

Pekín ve a los BRICS como un mecanismo crucial para combatir la influencia global del G7. Sin embargo, hasta ahora los BRICS no han conseguido trasladar su peso económico global en un contrapeso político al G7.

La adhesión de nuevos miembros beneficia más a China que a los demás miembros originales, representando el 60% del PIB total de los BRICS[150]. China, el mayor consumidor de energía del mundo, vio con buenos ojos la adhesión de países como Emiratos Árabes Unidos o Irán. Dadas las crecientes tensiones geopolíticas, la preocupación de Pekín se ha visto incrementada en relación a asegurarse el acceso a la energía, los alimentos, y otros materiales. La inclusión de países clave ricos en recursos en los BRICS proporciona a Pekín una mayor sensación de seguridad en este ámbito.

A pesar de que la expansión de los BRICS, como se ha comentado, complicará la capacidad del grupo para llegar a consensos, podría suponer una victoria para China, ya que Pekín consigue de este modo nuevas oportunidades

146   Banco Mundial (*s.f.*): *GDP (current US$) - China, Brazil, Russian Federation, India, South Africa*. World Bank Group. Disponible en: https://data.worldbank.org/indicator/NY.GDP.MKTP.CD?locations=CN-BR-RU-IN-ZA

147   Bodeen, C. (2025). *China will increase its defense budget 7.2% this year*. AP News. Disponible en: https://apnews.com/article/china-defense-budget-taiwan-4ac7cbdc7d5b889732cd55916ff7eb36

148   Hart, B. (2023). *The 2023 BRICS Summit: A mixed bag for China*. OXPOL - The Oxford University Politics Blog [blog], 31-08-2023. Disponible en: https://blog.politics.ox.ac.uk/the-2023-brics-summit-a-mixed-bag-for-china/

149   *Idem.*

150   *Idem.*

para establecer relaciones bilaterales o trilaterales con los nuevos miembros, como Irán. Esto se asemeja a lo que EE.UU. consiguió con el *Quad*, a la hora de relacionarse bilateral o trilateralmente con los otros miembros del Diálogo.

El tamaño y la influencia de China hacen imposible que los países BRICS lo ignoren. Lo más probable es que Pekín siga obteniendo ganancias dentro del bloque en los próximos años, al incluir socios afines. China probablemente intentará seguir impulsando la expansión del grupo más allá de los nuevos miembros, y lo más seguro es que lo consiga.

4.2. La Nueva Ruta de la Seda: Expansión e influencia en el Sur Global

La Iniciativa de la Franja y la Ruta (*Belt and Road Initiative, BRI,* en inglés), también denominada como la Nueva Ruta de la Seda, es uno de los proyectos de infraestructuras más ambiciosos de la historia.

Lanzada en 2013 por el Presidente Xi Jinping, fue originalmente diseñada para conectar Asia oriental y Europa a través de diversas infraestructuras físicas. En la última década, el proyecto se ha expandido a otras regiones y continentes, como África, Oceanía, o América Latina, ampliando así la influencia política y económica de China en el mundo[151].

Originalmente, la Iniciativa estaba dividida en dos partes: la primera, el 'Cinturón Económico de la Ruta de la Seda' (*Silk Road Economic Belt*), y la segunda, la 'Ruta de la Seda Marítima' (*Maritime Silk Road*). Ambas partes estaban integradas en la iniciativa 'Una Franja, Una Ruta' (*One Belt, One Road*), que acabó convirtiéndose en la actual Iniciativa de la Franja y la Ruta (BRI)[152].

La visión de Xi incluyó la creación de una extensa red de ferrocarriles, gasoductos, carreteras y pasos fronterizos agilizados. Tal red expandiría el uso internacional del renminbi, "rompiendo con el cuello de botella en la conectividad asiática", en palabras de Xi Jinping[153].

Junto con las distintas infraestructuras físicas, China ha financiado zonas económicas especiales, o áreas industriales, con el propósito de crear empleos, y animó a los países adheridos a la Iniciativa a aceptar su oferta tecnológica, como por ejemplo la red 5G impulsada por Huawei[154].

Hasta la fecha, más de 140 países –dos tercios de la población mundial y el 40% del PIB global–, han firmado proyectos o han mostrado interés en hacerlo[155], así como distintas compañías.

---

151 McBride, J., Berman, N., Chatzky, A., (2023). *China's Massive Belt and Road Initiative.* Council on Foreign Relations. Disponible en: https://www.cfr.org/backgrounder/chinas-massive-belt-and-road-initiative

152 *Idem.*

153 *Idem.*

154 *Idem.*

155 *Idem.*

Figura 5. Países participantes en la Iniciativa de la Franja y la Ruta, según año de adhesión

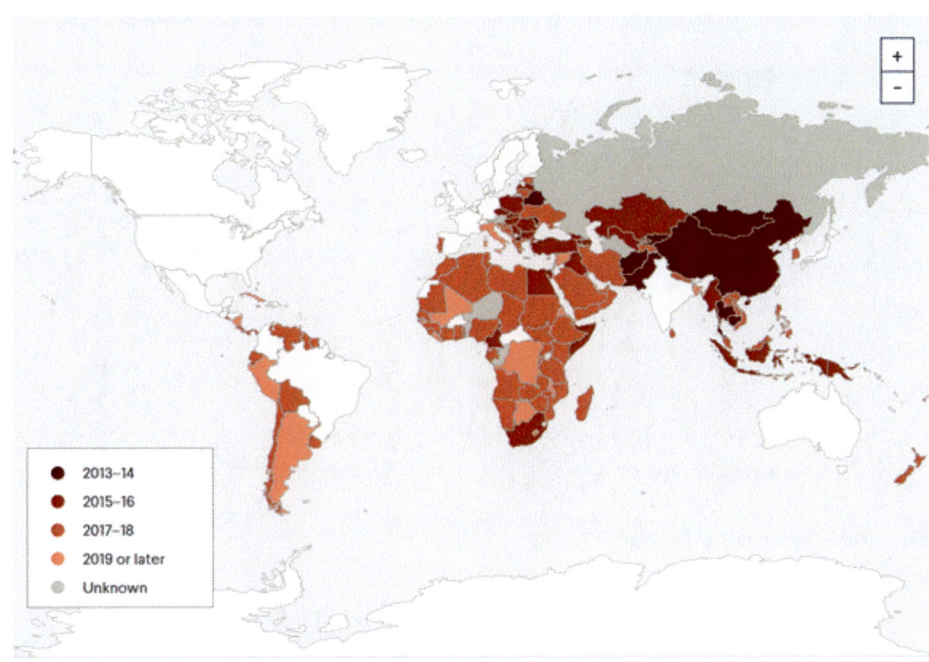

Fuente: McBride, J., Berman, N., Chatzky, A. (2025)

China tiene motivaciones tanto geopolíticas como económicas detrás de la Iniciativa. Xi Jinping ha promovido una imagen de una China más asertiva. Al mismo tiempo, China se ve motivada a impulsar los vínculos económicos globales con Occidente, cosa que históricamente se le ha negado a China, y que gracias a la Iniciativa de la Franja y la Ruta, ahora puede establecer relaciones comerciales significativas con países y regiones occidentales.

La Iniciativa, fuera de China, es vista como un elemento clave de la estrategia geopolítica de Pekín. No consiste solamente en las carreteras o los puertos, sino en la integración de China en la economía global y en asegurarse su posición en ella, así como de la conectividad del país. Representa una oportunidad para China de diversificar su economía y sus intereses geopolíticos, al mismo tiempo que fomenta la estabilidad y la cooperación global.

Asimismo, es percibida como una iniciativa cultural –un esfuerzo de China por proyectar su poder blando a nivel global.

En 2024, el volumen de intercambios comerciales de China con los países socios de la Iniciativa creció un 6,4% interanual, representando por primera vez más de la mitad del volumen comercial total de China[156]. Estos son algunos datos que ponen de relieve el nivel y la magnitud de las inversiones que se están llevando a cabo dentro de la Iniciativa[157]:

– El 2024 fue el año en el que mayor volumen de inversión se registró, con contratos por valor de 70.700 millones de dólares, e inversiones por valor de 51.000 millones de dólares.

– Los países de Oriente Medio se situaron a la cabeza de los niveles de inversión en la Iniciativa, alcanzando los 39.000 millones de dólares. Mientras tanto, los países latinoamericanos registraron su menor nivel en casi diez años –con caídas significativas en las inversiones chinas.

– Las inversiones de la Iniciativa en 2024 volvieron a la estar dominadas por empresas estatales, lideradas por la petrolera Sinopec, y seguidos por compañías privadas.

156 Kaufman, A. (2025). *Entering 2025, China and partner countries reflect on the Belt and Road Initiative*. China Digital Times [blog], 17-01-2025. Disponible en: https://chinadigitaltimes.net/2025/01/entering-2025-china-and-partner-countries-reflect-on-the-belt-and-road-initiative/

157 Nedopil, C. (2025). *China Belt and Road Initiative (BRI) Investment Report 2024*. Brisbane: Griffith Asia Institute and Green Finance & Development Center, FISF. p. 5. Disponible en: https://greenfdc.org/wp-content/uploads/2025/02/Nedopil-2025_China-Belt-and-Road-Initiative-BRI-Investment-Report-2024-1.pdf

– En términos relativos, el nivel de compromiso chino con el exterior ha aumentado, mientras que la IED hacia las economías emergentes en 2024 siguió disminuyendo (provocado por una caída de la IED hacia China).

Gráfico 11. Volumen de inversión de China en la Iniciativa de la Franja y la Ruta en millones de dólares (2013-2024)

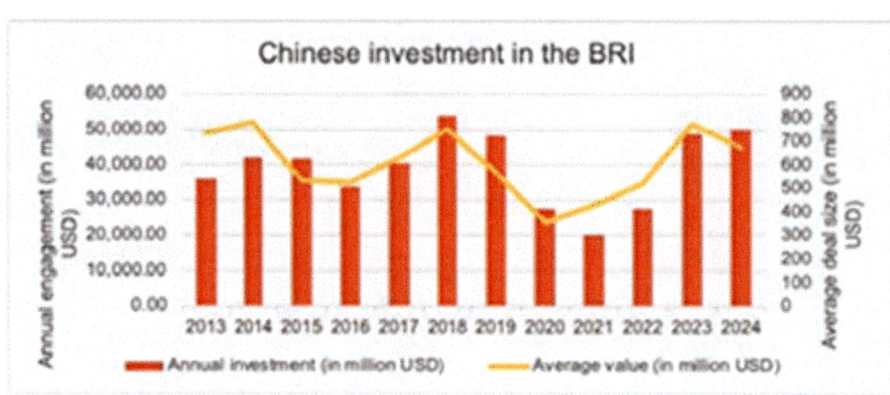

Fuente: Nedopil, C. (2025)

La Iniciativa es el proyecto más importante y emblemático para China, y la punta de lanza de su estrategia geopolítica a nivel mundial, la cual se relaciona y conecta con los BRICS, y aunque los BRICS como entidad no hayan firmado ningún memorando de cooperación con la Iniciativa, ni hayan publicado conjuntamente ninguna declaración de intenciones acerca de participar en la Iniciativa, desde la perspectiva estratégica china, los BRICS y la Iniciativa de la Franja y la Ruta están profundamente conectados[158].

China coopera con otras instituciones multilaterales de desarrollo, como el Nuevo Banco de Desarrollo de los BRICS, para apoyar a la Iniciativa y formular de manera conjunta las directrices para la financiación de distintos proyectos de desarrollo.

El espíritu de cooperación entre los BRICS y la BRI radica en rediseñar el orden económico y geopolítico, y fomentar la cooperación entre las economías emergentes, principalmente no occidentales. El comercio, la construcción de infraestructuras y la cooperación entre las personas son los puntos de convergencia claves entre la Iniciativa y los BRICS[159].

Una idea citada por algunos académicos chinos es que las "cinco conectividades" –políticas, infraestructura, comercio, finanzas, y personas –, son el camino a seguir para los BRICS y la Iniciativa. China ha estado trabajando para fortalecer la interconexión de las estrategias de distintos países en la Iniciativa, y especialmente en el caso de los países BRICS –alineando e integrando de este modo la Iniciativa y los BRICS[160].

El modelo que China quiere replicar con otras naciones BRICS es similar al de un proyecto de ferrocarril de alta velocidad entre Moscú y Kazán, que se está construyendo bajo este marco de cooperación estratégica, y que ha sido financiado por el NBD[161].

Pero, ¿por qué necesita China a los BRICS para promover la Iniciativa de la Franja y la Ruta? Los países BRICS ya son parte del AIIB, uno de los principales mecanismos de financiación de China para la Iniciativa. Además, debido al claro dominio de China en el NBD, el CRA, o el AIIB, China tiene que usar estas instituciones para incentivar a

158 Singh, A. (2023) *BRICS and BRI: China Aims for Strategic Alignment.* Nueva Delhi: Observer Research Foundation, p. 3. Disponible en: https://www.orfonline.org/public/uploads/posts/pdf/20230817220959.pdf

159 *Idem.*

160 *Ibid.,* p. 4.

161 *Idem.*

más países BRICS a participar en la Iniciativa, y sentar de este modo las bases de un sistema financiero global con pagos efectuados en RMB[162].

Al mismo tiempo, China es consciente de que la Iniciativa ha suscitado un amplio debate en todo el mundo. Para implementarla sin muchos problemas, China necesita que exista una percepción menos polémica y más aceptable de cara a la comunidad internacional, en general, pero en particular y especialmente, para los países en desarrollo[163].

La idea general es combinar la fortaleza de los actores extranjeros, especialmente las economías emergentes más exitosas, para facilitar el desarrollo de la Iniciativa. Desde este punto de vista, los BRICS son el mecanismo internacional clave en el que China parece estar confiando. Después de todo, los países BRICS son los representantes del Sur Global. A menudo son vistos en China como: los países-nodo que pueden liderar la conexión y el impulso del desarrollo económico de otras naciones de dimensión pequeña-intermedia a lo largo de la Franja y la Ruta; ayudar a China a ampliar su objetivo de apertura desde las zonas costeras hacia el interior; abordar el problema de la sobrecapacidad productiva china; incrementar la influencia de la filosofía '*Made in China*' en diversas regiones; y por tanto, promover e implementar la Gran Estrategia de la Franja y la Ruta. Es decir, desde el punto de vista chino, si los BRICS y la Iniciativa son capaces de alinearse estratégicamente, esto no solo impulsará los intereses nacionales chinos, sino que también ayudará a desplazar el orden internacional en favor de Pekín[164].

De acuerdo con Ramón Gascón y Alonso, al describir la Iniciativa, explica que "básicamente, consiste en que, ya que China se ha convertido en el gran productor mundial, necesita controlar no solo la fábrica, sino también las carreteras, y los canales por los que comercia". [...] "No deja de ser una herramienta más para tener muy controlada su propia economía. No es tanto ganar influencia geopolítica, sino que es una herramienta de control de un modelo que es: 'produzco y vendo a todo el mundo'. Se utiliza como arma"[165].

Sin embargo, China es consciente de que un acoplamiento total entre la Iniciativa y los BRICS es algo improbable, al menos en el corto plazo, debido a varios problemas internos entre los Estados Miembro de los BRICS, como la asimetría en el poder económico, la falta de confianza mutua, o la competición interna por el liderazgo[166], además de los ya comentados en el apartado de factores de disgregación.

Según Zhang Weiwei, Profesor de la Universidad de Fudan, "los BRICS y la BRI deben funcionar simultáneamente como dos palancas, dos impulsos en la gran partida de ajedrez de China, promoviendo un nuevo tipo de globalización, construyendo un nuevo orden internacional, y desplazando el sistema de gobernanza global de manera decisiva a favor de China"[167].

En conclusión, desde la perspectiva del pensamiento estratégico chino, la Iniciativa de la Franja y la Ruta y los BRICS están profundamente interconectados. Los BRICS son a menudo vistos como el mecanismo internacional clave que puede ayudar en el avance de los objetivos de la Iniciativa. A medida que la rivalidad entre China y Estados Unidos se intensifica y la Iniciativa se enfrenta a diversos retos, los BRICS están cobrando una mayor importancia para China[168].

---

162 *Ibid.,* p. 5.

163 *Idem.*

164 *Idem.*

165 Ver en Anexo.

166 Singh, A. (2023). *Op, cit.,* p. 5.

167 *Ibid.,* p. 6.

168 *Ibid.,* p. 14.

4.3. Perspectivas de futuro en la reconfiguración del orden global

En la transición hacia un mundo más multipolar y con un creciente protagonismo de los países del Sur Global y sus economías emergentes, China capitanea este decisivo cambio para el orden internacional. Lo hace a través de numerosas iniciativas e instituciones multilaterales, como la SCO (*Shanghai Cooperation Organization*), el AIIB (*Asian Infrastructure Investment Bank*), o el Nuevo Banco de Desarrollo. Pero sin duda, los BRICS y la Iniciativa de la Franja y la Ruta son las dos principales.

La Iniciativa de la Franja y la Ruta, en particular, no solo engloba proyectos de infraestructura, a pesar de ser este su principal ámbito. Se trata, en realidad, de una estrategia de alcance global que tiene distintas dimensiones: política, financiera, cultural o tecnológica. Consiste en la punta de lanza de la estrategia geopolítica china y en la conectividad, en proyectar influencia y ganar simpatía y poder entre los países en los que invierte y lleva a cabo proyectos de infraestructura masivos. Es, además, una importante y poderosa herramienta de poder blando, que China emplea para conseguir alianzas a través de una vía pacífica y libre de tensiones.

China utiliza la Iniciativa para diversificar y ampliar su presencia global. Al principio la Iniciativa se limitaba a Asia y Europa, pero desde su lanzamiento y puesta en marcha, China ha llevado a cabo proyectos en países de África, América Latina, y Oceanía, reduciendo su dependencia de las rutas occidentales tradicionales y afianzando su presencia en otras regiones clave.

China no emplea la Iniciativa de un modo aislado respecto de sus demás estrategias, y la combina con los BRICS, sirviendo a su interés de seguir ganando relevancia a escala internacional, enmarcado en la creciente rivalidad con Estados Unidos y la intensificación de la misma. Emplea el NBD, iniciativa surgida de los BRICS, para financiar mayoritariamente los proyectos de la Iniciativa, junto con el AIIB o el CRA, estableciendo de este modo una estructura financiera que funciona de manera eficiente.

De cara al futuro, China continuará progresando en ampliar el alcance y el número de proyectos la Iniciativa de la Franja y la Ruta, así como en el número de países y de compañías involucrados. A la voluntad de Pekín se le suma el factor de que Estados Unidos, en la era Trump 2.0., está adoptando un enfoque opuesto al multilateralismo, y una política exterior más aislacionista y basada en el poder duro, en vez de en las iniciativas de poder blando, o *soft power*.

Por tanto, China debe aprovechar esta coyuntura para ganar simpatía y apoyos a escala global, profundizando en el alcance de la Iniciativa, las instituciones financieras multilaterales que proveen la financiación de sus proyectos –avanzando simultáneamente en los objetivos de reforma del sistema financiero global, a través del NBD o del AIIB–, y tomando el espacio que deja Estados Unidos. Esto es algo que decantará en gran medida la balanza de la gobernanza mundial.

Capítulo 5. los BRICS y China en el nuevo orden internacional

la realidad del orden internacional y del mundo en el siglo XXI es que ambos se encuentran profundamente globalizados y por tanto profundamente interconectados. Llevar a cabo un análisis de los BRICS sin tener en cuenta la reacción de Occidente ante su avance y creciente influencia nos conduciría a unas conclusiones limitadas y parciales.

La llegada de Donald Trump por segunda vez a la Casa Blanca en 2025 ha supuesto una aceleración del proceso de cambio del orden internacional, desplazando el foco de la política exterior norteamericana a la región Asia-Pacífico. Su enfoque, opuesto al multilateralismo y a la cooperación, el desprecio de un mundo basado en reglas y la imposición de aranceles, o la amenaza de hacerlo, a prácticamente todo el mundo, nos sitúan en una situación de profunda incertidumbre.

La Unión Europea, por su parte, se encuentra en una situación incierta, ya que ve como el tradicional vínculo transatlántico se resiente, y se ve incentivada a buscar relaciones comerciales con países como China o India.

En este capítulo se analizará cómo los BRICS y China operan en esta nueva realidad, con énfasis en el modo en que la era Trump 2.0. ha afectado al *status quo*, y cuál es el rol de la Unión Europea en este contexto. También, se intentará responder a la cuestión de si los BRICS pueden suponer una alternativa a foros multilaterales como el G7 o el G20. Finalmente, se profundizará en la manera en que los BRICS actúan como plataforma de influencia de China.

5.1. Implicaciones de la nueva era Trump 2.0

Donald Trump llegó por segunda vez a la Casa Blanca en enero de 2025, y desde entonces se ha producido una intensificación y aceleración del proceso de aversión hacia el multilateralismo, rechazo hacia los déficits comerciales, y consecuente imposición de aranceles, sin distinguir entre socios y aliados (la Unión Europea, México, o Canadá), y rivales estratégicos (China).

Por su parte, China, y los BRICS se presentan como una alternativa de carácter multilateral y con un espíritu de cooperación, que sin haber hecho nada, se benefician del enfoque del Presidente norteamericano.

La nueva era Trump supone una verdadera revolución en múltiples aspectos del orden internacional, y como es lógico, esto afecta tanto a los BRICS como a China, en cuanto que la globalización implica la interconexión de las cadenas de producción y la interdependencia global entre los países. La nueva Administración estadounidense trae consigo numerosas implicaciones que serán analizadas en este epígrafe.

A modo de contexto, cabe destacar que, desde hace décadas, Estados Unidos ha disfrutado de una situación privilegiada, gracias a la supremacía del dólar. Un ejemplo son los precios del petróleo, que son fijados en dólares. Gracias a ello, EE.UU. consigue mantener su déficit, al mismo que tiempo que puede restringir la capacidad de usar dólares para otros países, a través de sanciones económicas o de restricciones al acceso al sistema bancario estadounidense.

Por tanto, EE.UU. no puede ignorar el objetivo de los BRICS de establecer un orden financiero alternativo al dólar. En caso de producirse, el valor del dólar caería, provocando incrementos en los tipos de interés y un incremento de los precios, a la vez que dificultaría la gestión de la deuda doméstica de Estados Unidos, la cual asciende a más de 34 billones de dólares[169]. De hecho, la cantidad que suponen los pagos de los intereses de la deuda es superior al gasto en Defensa norteamericano[170].

A causa del interés de los países BRICS en la desdolarización, Donald Trump ha amenazado en repetidas ocasiones con imponer un arancel del 100% a aquellos países que intentaran reducir el papel del dólar en las finanzas globales. Sin embargo, si el Presidente estadounidense cumpliera estas amenazas, sus consecuencias provocarían un menor crecimiento económico y un aumento de la inflación[171].

Uno de los primeros objetivos que Trump señaló poco después de asumir la Presidencia fueron los países BRICS, los cuales llevan tiempo debatiendo cómo llevar a cabo un mayor número de transacciones comerciales en divisas distintas al dólar.

Es más, en caso de que un arancel del 100% entrara en juego, todos los países objeto de estudio verían su crecimiento económico ralentizado, y China sería el más perjudicado, dada su elevada exposición a Estados Unidos. Por el contrario, mientras que todos los países experimentarían una aceleración de la inflación, en China el crecimiento del nivel general de precios se vería ralentizado, ya que el Banco Central inmediatamente endurecería las condiciones de su política monetaria, con el objetivo de detener la depreciación del renminbi.

Asimismo, en caso de que estos aranceles se introdujeran finalmente, al término de la segunda Administración Trump, según algunas estimaciones, el PIB de Estados Unidos sería 432.000 millones de dólares menor que si lo comparamos con el escenario en el que no se impusieran los aranceles. El nivel general de precios, por su parte, se vería incrementado en un 1,6%[172]. Esto lo podemos comprobar en las predicciones efectuadas en los gráficos 12 y 13.

Gráfico 12. Previsión del efecto sobre el PIB de un arancel del 100% en los países BRICS y en EE.UU. (2024-2040)

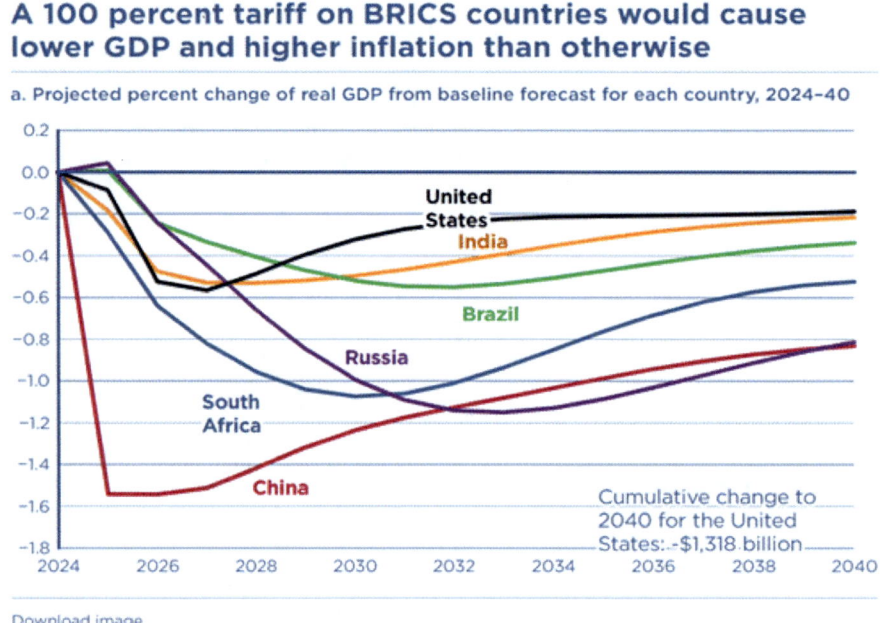

Fuente: McKibbin, W. (2025)

169 Zerzan, G. (2024). "Ignoring BRICS Expansion Threatens America's Economic Security | Opinion". Newsweek [blog], 12-01-2024. Disponible en: https://www.newsweek.com/ignoring-brics-expansion-threatens-americas-economic-security-opinion-1859634

170 *Idem.*

171 McKibbin, W. (2025): "Trump's threatened tariffs projected to harm economies of US and the BRICS". PIIE - Peterson Institute for International Economies. Disponible en: https://www.piie.com/blogs/realtime-economics/2025/trumps-threatened-tariffs-projected-harm-economies-us-and-brics

172 *Idem.*

Gráfico 13. Previsión del efecto de un arancel del 100% sobre la tasa de inflación en los países BRICS y en EE.UU. (2024-2040)

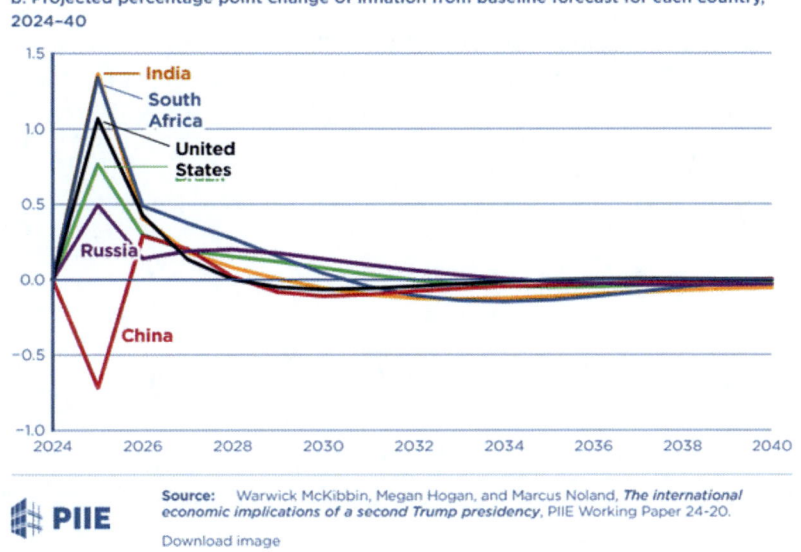

b. Projected percentage point change of inflation from baseline forecast for each country, 2024–40

Source: Warwick McKibbin, Megan Hogan, and Marcus Noland, *The international economic implications of a second Trump presidency*, PIIE Working Paper 24-20.

Download image

Fuente: McKibbin, W. (2025)

La posición histórica de Washington respecto a los BRICS es de considerarlos como un bloque fragmentado sin un peso geopolítico realmente relevante. Sin embargo, a la reciente expansión del grupo –BRICS Plus –, junto con la agenda de desdolarización impulsada por los BRICS, se le suma la llegada de Trump de nuevo a la Casa Blanca. Su respuesta ha sido agresiva, con la mencionada amenaza de imposición de aranceles a los países BRICS que impulsaran y persiguieran la desdolarización.

De hecho, en la anterior Administración de Joe Biden, la relevancia de los BRICS fue subestimada. En 2023, el Consejero de Seguridad Nacional estadounidense, Jake Sullivan, declaró que el Gobierno norteamericano no creía en que los BRICS pudieran convertirse en un rival geopolítico[173].

Trump, en cambio, ha desafiado y modificado este enfoque, ya que él sí ve a los BRICS como una amenaza contra la hegemonía financiera estadounidense. Su Administración está fomentando una política que trata a los BRICS como un bloque unificado, y ha intensificado el escrutinio de EE.UU. hacia las distintas políticas monetarias emprendidas por los BRICS. De hecho, India no ha tardado en reafirmar su compromiso con el dólar, a la vista de posibles sanciones en forma de aranceles, o un empeoramiento de las relaciones con Estados Unidos. Además, estas amenazas seguramente hayan contribuido a la decisión de Arabia Saudí de recular en su decisión de unirse a los BRICS, debido sus lazos con el Gobierno de los Estados Unidos.

Trump, además de amenazar contra la desdolarización, advirtió contra la idea de crear una divisa común BRICS, aunque el grupo ya abandonó dicha idea a razón de desacuerdos internos.

No hay que olvidar que la Administración Trump gira fundamentalmente en torno a la ideología MAGA (*Make America Great Again*), basada en la percepción de que Estados Unidos en su día fue una 'gran' potencia, cuyo estatus ha perdido por culpa de la influencia extranjera provocada por la globalización y la deslocalización industrial, y que cree que la vuelta al proteccionismo, la reducción de la inmigración, o una política exterior agresiva y asertiva, son las soluciones ante este problema percibido. El movimiento MAGA supone un punto de inflexión para la gobernanza global, donde se dan diversos escenarios posibles, todo ello envuelto en una incertidumbre pocas veces vista, la cual Trump ha intensificado en gran medida.

Para beneficio de los BRICS, el uso y la amenaza de medidas coercitivas por parte de Trump ha facilitado la evolución del grupo hacia una plataforma económica y multilateral alternativa. El enfoque más agresivo de Trump genera la percepción de que los BRICS son un bloque más abierto a la cooperación que los EE.UU., ya que, a causa de los

173 Papa, M. (2025). *US Policy on BRICS: A Temporary Fix or a Strategic Reset?*. Australian Institute of International Affairs. Disponible en: https://www.internationalaffairs.org.au/australianoutlook/us-policy-on-brics-a-temporary-fix-or-a-strategic-reset/

aranceles, el comercio intra-BRICS se ve incentivado y más países que no son miembros comienzan a relacionarse con los países BRICS.

Es importante destacar también que, como resultado del cambio en la política exterior estadounidense hacia Ucrania, China se ha visto motivada a explorar relaciones más cercanas con la Unión Europea, lo que allana el camino para potenciales alineamientos en términos de comercio internacional, y para la cooperación UE-BRICS[174].

La situación actual genera un contexto en el que los lazos que EE.UU. reduce, los BRICS deben aprovecharlos, como viene haciendo China desde hace años. Es decir, aprovechar los vacíos generados por Estados Unidos, para llenarlos.

5.2. La Unión Europea en el nuevo orden global y su relación con los BRICS

La Unión Europea se encuentra en un momento clave para definir hacia qué dirección desea dirigirse. Es un hecho que el vínculo transatlántico se está resintiendo. La causa no es otra que el muy crítico enfoque de la Administración Trump hacia la relación bilateral, y cada vez se habla más de un 'desacoplamiento' de Estados Unidos respecto de la Unión Europea.

Por tanto, Bruselas debe buscar relaciones más beneficiosas y estables. La relación con Estados Unidos no puede ni debe romperse, principalmente en el campo de la seguridad y la Defensa, pero es probable, y en parte lógico, que se fortalezcan otras relaciones bilaterales, con países como China o India, de carácter más comercial. Así lo manifiestan las diversas reuniones de líderes de países de la UE, como la de Emmanuel Macron con Narendra Modi en febrero de 2025, o la de Pedro Sánchez con Xi Jinping en abril del mismo año. Ursula von der Leyen, Presidenta de la Comisión Europea, por su parte, también ha mantenido reuniones con líderes de países BRICS.

La UE lleva unos cuantos años cultivando las relaciones con algunos países como China, y la llegada de Trump parece haber generado incentivos para intensificar dichas relaciones, en un menor tiempo además.

En palabras de Ángel Gómez de Agreda, "EE.UU. está actualmente tratando a sus socios tradicionales, en términos económicos, del mismo modo que a sus rivales, y por lo tanto, está desincentivando la cooperación o el alineamiento entre Europa y EE.UU."[175].

Asimismo, y de acuerdo con Ramón Gascón y Alonso, "China, geopolíticamente, no es un enemigo nuestro. China tiene que abrir más su mercado, porque no lo tiene abierto. Tiene abiertos ciertos sectores, pero en otros operan básicamente operadores chinos, grandes conglomerados chinos, con los cuales nos cuesta mucho a los europeos y a los occidentales competir."

Sin embargo, la percepción actual es que la UE parece no estar prestando la atención suficiente y necesaria a los BRICS en su conjunto. Es importante destacar que la UE no tiene una 'política BRICS' como tal, sino que las relaciones son de carácter bilateral con cada país. Sin embargo, si EE.UU. continúa profundizando en las tensiones y en las hostilidades hacia la Unión, el *statu quo* podría verse modificado.

La expansión de los BRICS es importante para la Unión Europea. Podemos resumir sus implicaciones en tres ámbitos[176]:

1. Nuevas perspectivas del orden internacional: En un mundo cada vez más multipolar, la UE debe aceptar otros modelos de desarrollo y cooperación no occidentales. Sin embargo, la Unión debe seguir confiando en sus valores liberales, y debe protegerlos en Europa, ya que la naturaleza de la Unión se basa en su conjunto de

---

174 *Idem..*

175 Ver en Anexo.

176 Bunskoek, R., Verburg, S. (2025. *The BRICS and the Emerging Order of Multipolarity*. La Haya: Clingendael. pp. 3-4. Disponible en: https://www.clingendael.org/sites/default/files/2025-05/BRICS_Emerging_Order_Multipolarity.pdf

valores. Es inherente a la propia noción de la Unión Europea. Del mismo modo que Europa debe aceptar que existen otras perspectivas acerca del mundo, también tiene que reclamar que otros países, incluidos los que forman los BRICS, respeten su visión[177].

2. Diversificación estratégica en un orden multipolar: En el contexto de la multipolaridad, diversificar las alianzas de carácter estratégico y económico es esencial. Muchos países persiguen la diversificación, por lo que las posibilidades de establecer alianzas con ellos aumentan. La UE y sus Estados Miembro deben prestar especial atención a las demandas y necesidades de los países BRICS, a través de los canales bilaterales y multilaterales[178].

3. La UE como beneficiaria de la diversificación del orden multipolar: Las naciones BRICS se encuentran en un proceso activo de diversificación de sus alianzas estratégicas y económicas para avanzar en el objetivo de reducir la dependencia tanto de las instituciones lideradas por Occidente, como del dólar. A causa de la incertidumbre que se ha puesto de manifiesto en la actual política exterior estadounidense de la Administración Trump, dichos esfuerzos no cesarán, generando un mayor atractivo de los BRICS como plataforma para la diversificación. Por tanto, la UE debe aprovechar esta coyuntura para acercarse a estos países. De lo contrario, la Unión se expone al riesgo de quedar fuera de las nuevas estructuras de la gobernanza global, con la consecuente pérdida de relevancia y legitimidad de las instituciones tradicionalmente lideradas por Occidente[179].

La UE no tiene definida una posición clara respecto a los BRICS, sino que, como se ha mencionado, se limita a las relaciones bilaterales que mantiene con cada país del grupo. La posición europea es que los BRICS no suponen un obstáculo a las políticas que la UE lleva desarrollando a través de tratados de libre comercio, o mediante acuerdos estratégicos con los países del Sur Global[180].

La principal causa de que la UE como bloque no mantenga relaciones formales con los BRICS ni que exista una política dedicada totalmente a los BRICS son las importantes diferencias internas entre los países BRICS, así como las diferentes relaciones que éstos mantienen con los países europeos.

La dirección a seguir para los europeos es que deben prestar un mayor interés hacia los BRICS, y a las implicaciones que su expansión conlleva. Al juntar a tres de los mayores exportadores de petróleo (Emiratos Árabes Unidos, Rusia e Irán), y a dos de los tres mayores importadores petrolíferos (China e India), los BRICS podrían generar una especie de 'OPEP 2.0', incrementando su dominio del mercado energético y provocando incrementos en los precios del petróleo y del gas que Europa importa, lo cual perjudicaría al euro en su posición de divisa clave[181].

La expansión de los BRICS no debe ser analizada por la UE desde un enfoque estrictamente económico. De hecho, en la expansión de 2024 (cuando se sumaron al bloque Egipto, Etiopía, Irán y Emiratos Árabes Unidos), el PIB de los nuevos países solo suponía un 4% del total del grupo[182]. Por tanto, esta debe ser analizada en términos estratégicos y geopolíticos, de una mayor influencia del bloque a nivel regional y mundial.

La UE y sus Estados Miembro participan en algunas organizaciones multilaterales junto con países BRICS Plus, como se puede apreciar en la tabla 2.

---

177 *Idem.*

178 *Idem.*

179 *Idem.*

180 Gattolin, A., Véron, E. (2024). *The BRICS, a geopolitical challenge overlooked by the European Union.* Fondation Robert Schuman. p. 1. Disponible en: https://server.www.robert-schuman.eu/storage/en/doc/questions-d-europe/qe-736-en.pdf

181 *Ibid.,* p. 4.

182 Parlamento Europeo (2024). *Expansion of BRICS: A quest for greater global influence?* Parlamento Europeo: Bruselas. p. 1. Disponible en: https://www.europarl.europa.eu/RegData/etudes/BRIE/2024/760368/EPRS_BRI(2024)760368_EN.pdf

Tabla 2. Participación de los BRICS Plus y de la UE en foros y organizaciones multilaterales

Multilateral framework	BRICS+ members	EU Member States
International organisations/Formats		
United Nations	All members, China and Russia are also permanent members of the UN Security Council	All Member States; France is also a permanent member of the UN Security Council
WTO	All members, except Ethiopia and Iran	All Member States
OECD	None	All Member States (except Bulgaria, Croatia, Malta, Romania, Cyprus)
G7	None	Italy, Germany, France, EU (observer)
G20	All members, except the United Arab Emirates and Iran, Egypt and Ethiopia through the African Union	Italy, Germany, France and the EU
G77	All members except Russia	None
Shanghai Cooperation Organisation (SCO)	Russia, China, India and Iran	None
Eurasian Economic Union (EAEU)	Russia	None
Variations of BRICS format		
BRICS Plus	All members	None
BASIC	Brazil, South Africa, India and China	None
IBSA	India, Brazil and South Africa	None
Financial institutions		
New Development Bank (NDB)	All members, except Ethiopia, Iran and Saudi Arabia	None
World Bank	All members	All Member States
Asian Infrastructure Investment Bank (AIIB)	All members	All Member States (except Bulgaria, Czechia, Estonia, Latvia, Lithuania, Slovakia and Slovenia)
Infrastructure and investment initiatives	Participating BRICS+ members	Participating EU Member States
Belt and Road Initiative (BRI)	All members, except Brazil and India	17 EU Member States
Global Gateway	Brazil, South Africa and Egypt	EU
India-Middle East-Europe Economic Corridor (IMEC)	India, Saudi Arabia and the United Arab Emirates	Italy, France and Germany
14+1 Initiative	China	Bulgaria, Croatia, Czechia, Greece, Hungary, Poland, Romania, Slovakia and Slovenia

Fuente: Parlamento Europeo (2024)

La UE, en sus relaciones bilaterales con los BRICS mantiene distintas alianzas estratégicas, como con Brasil, India o Sudáfrica. Además, está negociando un acuerdo de libre comercio con India (ALC). En la tabla 3, se muestran los distintos acuerdos de libre comercio bilaterales e intrarregionales que tiene la UE con los distintos países BRICS Plus.

Tabla 3. Acuerdos de libre comercio bilaterales e intrarregionales UE-BRICS Plus

Country	FTA	State of Play
Brazil (Mercosur)	Mercosur Association Agreement	Agreement in principle (2019)
Russia	none	none
India	free trade agreement, investment protection agreement and geographical indications agreement	Negotiations started in 2007, then paused in 2013 before restarting in 2022
China	comprehensive agreement on investment (CAI)	Agreement in principle (2020), on hold
South Africa (SADC EPA)	economic partnership agreement	Provisionally applied since 2016
Egypt	association agreement	In force since 2004
Ethiopia (ESA)	economic partnership agreement	Negotiations started in 2004, then paused until further notice in 2011
Iran	none	none
Saudi Arabia (GCC)	free trade agreement	Negotiations started in 1990, but have been suspended since 2008
United Arab Emirates (GCC)	free trade agreement	Negotiations started in 1990, but have been suspended since 2008

Fuente: Parlamento Europeo (2024)

Un ámbito en el que la cooperación BRICS Plus-UE (y sus Estados Miembro) se articula son las iniciativas de inversión en infraestructuras, como la Iniciativa de la Franja y la Ruta, el *Global Gateway*, el IMEC (*India-Middle East-Europe Economic Corridor*), y la cooperación China-CEEC (*China-Central and Eastern European Countries Cooperation*).

El *Global Gateway*, que fue lanzado en 2021, es visto como una alternativa a la Iniciativa de la Franja y la Ruta, y está orientado a movilizar inversiones, incluso en países tanto BRICS como BRICS Plus, en el caso de Brasil, India, Sudáfrica, y Egipto[183].

Por ejemplo, si analizamos el enfoque que sigue la UE en su India, es que ambas partes consideran prioritario reforzar su asociación. El mencionado enfoque podríamos verlo replicado con más países en los próximos años, sobre todo si EE.UU. sigue con su estrategia de aislamiento y abandono progresivo del multilateralismo. Volviendo al vínculo Bruselas-Nueva Delhi, la iniciativa IMEC, orientada a optimizar la conectividad económica y las relaciones comerciales entre India, Oriente Medio, y países de Europa, es vista como una alternativa a la Iniciativa de la Franja y la Ruta, y ha conseguido el apoyo de países tanto de la UE como de fuera, lo que constata su importancia estratégica[184].

Según Pablo Rupérez, "la UE está segmentando su relación con los BRICS. No los está tratando como un bloque. Con Rusia hay una línea clara, que es la de las sanciones; con China hay un planteamiento de prudencia, pero también una idea de que hay que relacionarse con ellos; y con Brasil, India y Sudáfrica, un planteamiento de aumentar y explorar la relación"[185].

A modo de conclusión, la Unión Europea haría bien en aprovechar las oportunidades que plantea la expansión de los BRICS y la mayor influencia y poder que está acumulando el grupo. De hecho, el distanciamiento con EE.UU. es a su vez una oportunidad para progresar en las relaciones comerciales con el Sur Global, especialmente con China e India.

---

183   *Ibid.,* p. 6.

184   *Idem.*

185   Ver en Anexo.

5.3. El papel potencial de los BRICS como bloque en el nuevo orden internacional

El principal obstáculo que los BRICS deben superar, y que decidirá su futuro como un actor relevante capaz de modificar el orden internacional y el modelo de gobernanza global, radicará en ver si son capaces de dejar a un lado sus numerosas diferencias y trabajar de manera conjunta como un bloque. Hasta ahora, parece ser que lo están consiguiendo, pero con las recientes incorporaciones de países como Irán, surge la preocupación de si los BRICS se están convirtiendo en una asociación de carácter político-ideológico, en lugar de una de carácter pragmático y comercial.

La relevancia y el peso económico de los BRICS es algo innegable, y continuará aumentando en el futuro próximo. Además, los BRICS están ganando relevancia en el terreno energético y de las materias primas (petróleo y gas), con países como Irán o Emiratos Árabes Unidos, algo que también es muy importante desde una perspectiva estratégica, generando descontento en Estados Unidos, principalmente, pero también cierta inquietud en la Unión Europea.

El problema no es económico y de recursos, sino de autodefinición del grupo y de capacidad de superar las divergencias para poder trabajar conjuntamente en un frente unificado de contrapeso a Occidente, ya que este era el enfoque y la esencia del grupo al principio.

En los próximos años, es probable que los BRICS sigan expandiéndose. De hecho, más de 40 naciones han expresado su interés en unirse[186].

A medida que EE.UU. y sus aliados tienen mayores limitaciones para de configurar el orden global de manera unilateral, muchos países buscan impulsar su propia autonomía a través de otras vías. Sin la capacidad o la voluntad de unirse a las instituciones occidentales, como el G7, y con una creciente frustración a causa de las instituciones financieras lideradas por EE.UU. (FMI y Banco Mundial), estos países desean ampliar sus opciones y crear lazos con organizaciones e iniciativas no estadounidenses. Los BRICS destacan como una de las iniciativas de este tipo más relevantes, importantes e influyentes.

Desde la fundación del grupo, algunos analistas occidentales han vaticinado su desaparición. Pero lo cierto es que los BRICS han resistido. Incluso con la invasión de Ucrania y el incremento de las tensiones entre China y EE.UU. en los últimos años, el interés en unirse a los BRICS no ha hecho más que crecer.

Por el momento, se sigue manteniendo el consenso de que formar parte de los BRICS aporta importantes beneficios. Por ejemplo, Brasil, cuya estrategia es de no alineamiento, considera que ser miembro de los BRICS supone una ventaja a la hora de negociar con Washington y Bruselas[187]. Es decir, existe la percepción de que formar parte de los BRICS, aporta más beneficios que problemas, y otorga un cierto respaldo a la hora de relacionarse con otras potencias, en términos comerciales o de otro tipo.

A pesar de la creciente divergencia dentro del grupo, existen dos factores que explican por qué el grupo se ha convertido en algo vital para sus miembros[188]:

– Los BRICS, en un mundo cada vez más multipolar, son una plataforma clave en el rediseño del orden internacional. De hecho, desde la perspectiva del Sur Global, la multipolaridad es la forma más segura de limitar la hegemonía occidental.

– Esta perspectiva compartida también explica por qué gran parte del mundo en desarrollo desea un avance en la multipolaridad, y perciben ventajas en la incorporación a los BRICS, ya que consideran que gracias a ellos alcanzarán más rápido este objetivo.

---

186   Gabuev, A., Stuenkel, O. (2024). *The Battle for the BRICS - Why the Future of the Bloc Will Shape Global Order*. Foreign Affairs. Disponible en: https://www.foreignaffairs.com/russia/battle-brics

187   *Idem.*

188   *Idem.*

Los BRICS deberán gestionar las tensiones y contradicciones que existen entre ellos en los próximos años. Es probable que las diferencias y tensiones sigan aumentando, pero no parece ser que conduzcan a su fin. Encontrar puntos en común será más difícil, especialmente en aspectos geopolíticos sensibles como la guerra en Ucrania.

Los países del Sur Global quieren escapar de la hegemonía del dólar, sobre todo cuando ven cómo los países occidentales congelan activos rusos, pero no castigan intervenciones militares de los propios países occidentales en Oriente Medio y África[189], como pudieron ser en su día las de Irak en 2003 o Libia en 2011. Consideran que existe un cierto doble rasero, lo que contribuye a explicar su creciente deseo de unirse a los BRICS.

5.3.1 La relación entre los BRICS y el G7 y G20

El G7 se fundó en 1975 por las economías industrializadas avanzadas democráticas, con el propósito de discutir los problemas económicos más importantes, como lo fue la crisis del petróleo de 1973[190]. No es una institución formal en el sentido de la OTAN o la Unión Europea –no tiene un Secretario General o algún tipo de Constitución. Su Presidencia es rotatoria, ya que cada año un país distinto la asume, período de tiempo durante el cual puede establecer la agenda política del grupo y organizar sus cumbres. Además, para aprobar cualquier tipo de propuesta, la unanimidad es un requisito indispensable[191]. En ello, son bastante similares a los BRICS, cuyo liderazgo anual es rotatorio, y con decisiones basadas en el consenso y la unanimidad.

El principal objetivo del G7 es promover la paz global y la seguridad, mientras que se busca proteger el orden liberal internacional basado en reglas.

Formado por Alemania, Canadá, Estados Unidos, Francia, Italia, Japón y Reino Unido, el G7 lleva décadas configurando las políticas económicas a nivel mundial. Sin embargo, el G7 enfrenta críticas por favorecer más a los países ricos que a las naciones en desarrollo[192].

Por su parte, en el G20 tanto las economías en desarrollo como las desarrolladas están representadas, y su enfoque es más amplio. Consiste en un foro de las mayores economías del mundo, el cual se reúne de manera regular para abordar los principales problemas que afectan a la economía global. Surgió en 1999, tras la crisis financiera asiática, como un foro para los ministros de finanzas y los gobernadores de los bancos centrales de las principales economías desarrolladas y en desarrollo para abordar problemáticas financieras globales[193].

De manera conjunta, el G20 representa cerca del 85% del PIB mundial, más del 75% del comercio global, y en torno a dos tercios de la población[194]. Está formado por 19 países y dos organizaciones regionales. Entre los miembros actuales se incluyen todos los países del G7, todos los países de los BRICS, incluyendo a Indonesia, la Unión Africana, la Unión Europea, y otros como Australia, México o Turquía[195].

En cuanto al papel de los BRICS en ambos foros, se podría decir que desafían el orden internacional basado en reglas y liderado por los países occidentales del G7, principalmente EE.UU., a través de un sistema económico independiente que genera unas profundas implicaciones para la economía mundial. Asimismo, también desafían este orden a través de diversas alianzas militares-regionales de seguridad que tienen el potencial de alterar el equilibrio de poder en ciertas regiones que son fundamentales para los intereses de seguridad de Estados Unidos.

---

189   *Idem.*

190   Mooradian, M. (2024). *The BRICS Challenge to the G7 Established International Order.* FPRI - Foreign Policy Research Institute. Disponible en: https://www.fpri.org/article/2024/09/the-brics-challenge-to-the-g7-established-international-order/

191   *Idem.*

192   Moch, E. (2024). *Op. cit.,* p. 88.

193   World Economic Forum (2024). *What is the G20 and why does it matter?.* World Economic Forum. Disponible en: https://www.weforum.org/stories/2024/11/g20-summit-what-you-need-to-know/

194   *Idem.*

195   *Idem.*

Si Washington no consigue reaccionar a tiempo y de la manera correcta, los BRICS se fortalecerán, alinearán sus políticas exteriores en contra de los intereses estadounidenses, alterando el orden global.

El G7, que antes de 2014 era el G8 (con Rusia), gozaba de una situación de hegemonía económica incontestada. Sin embargo, el extraordinario crecimiento económico experimentado por los países BRICS – particularmente China y también India, aunque no tanto como China – plantea un desafío al tradicional liderazgo económico y político del G7 y de sus países[196].

Podemos considerar al G7 y a los BRICS como dos modelos distintos, en cuanto a sus prioridades y perspectivas del mundo. Los países del G7 se orientan a promover las economías libres de mercado y la innovación. Los países BRICS, por su parte, se concentran en la extracción de recursos y en la inversión en infraestructuras (en líneas generales). A diferencia del G7, cuyos países pretenden mantener el *statu quo* imperante, los BRICS persiguen una nueva gobernanza basada en las asociaciones Sur-Sur, y en reducir la dependencia del sistema financiero occidental. Los países del G7 inciden en proteger sus alianzas tradicionales, como la OTAN, y sobre todo, en la promoción y salvaguarda de la democracia, mientras que los países BRICS, que como hemos visto comprenden diversos sistemas políticos – tanto autoritarios como democráticos –, son más indiferentes en este aspecto.

Si nos fijamos en la relación BRICS-G20, los países BRICS participan activamente en sus decisiones. Es más, el hecho de que las tres últimas presidencias del G20 hayan recaído en India (2023), Brasil (2024) y Sudáfrica (2025), refleja la creciente importancia de los países BRICS en el foro[197]. Además, los temas escogidos por las presidencias india y brasileña, relacionados con la reforma de la gobernanza de las instituciones, reflejan a su vez las prioridades de los BRICS.

Es decir, el G20 ha servido a los BRICS como un importante foro en su objetivo de configurar la gobernanza económica global, proporcionándoles una oportunidad fundamental para conseguirlo. Se percibe como un foro más abierto e interregional, ya que no solamente cuenta con economías industrializadas desarrolladas y occidentales, sino que aglutina países de hasta cuatro continentes, tanto desarrollados y hegemónicos, como otros en desarrollo y que son potencias menores.

5.4. Los BRICS como plataforma de influencia de China

Los BRICS son útiles para la política exterior de China y sus intereses. China, a su vez, necesita a los BRICS para perseguir sus objetivos. Podríamos afirmar que se trata de una especie de relación recíproca y mutuamente beneficiosa. Los BRICS sin China, no tendrían futuro alguno, mientras que a China, formar parte de los BRICS le beneficia, ya que le es útil como plataforma para proyectar influencia y su poder hacia el exterior, y como complemento a sus otras iniciativas.

Cabe destacar que China es un gran importador energético. La adhesión de nuevos miembros que son importantes exportadores de gas y petróleo no parece una casualidad, especialmente teniendo en cuenta que China ha sido el principal impulsor de la expansión de los BRICS. De nuevo, formar parte de la alianza le trae beneficios en cuanto a asegurarse un suministro energético estable.

China es consciente de que su posición superior en los BRICS. Cuando el grupo fue creado, la motivación de China era clara: el entonces Presidente Hu Jintao vio una oportunidad para incrementar la influencia global de China y mantener vigilada a India, su principal rival en la región[198]. Sin embargo, Xi Jinping ha reducido considerablemente el peso que el grupo tiene en la política exterior china. Los BRICS son otro brazo en su estrategia global, junto con otras organizaciones e iniciativas como la SCO o la Iniciativa de la Franja y la Ruta. Ello no quiere decir que los BRICS no sean relevantes para China, que lo son, y mucho.

---

196   Parlamento Europeo (2024). *Op. cit.,* p. 7.

197   *Ibid.,* pp. 7-8.

198   De Aragao, T. (2023). *BRICS: A China-Led Group Looking for Relevance.* The Diplomat. Disponible en: https://thediplomat.com/2023/08/brics-a-china-led-group-looking-for-relevance/

El objetivo estratégico de China al apoyar la expansión de los BRICS es situarse en una mejor posición, en cuanto a poder desafiar el dominio de Occidente y promover un orden multipolar. China ve y quiere que los BRICS sean una plataforma que le permita avanzar en este objetivo[199].

Otros dos pilares en la estrategia China-BRICS son la cooperación económica y el acceso a los recursos. China busca fomentar alianzas a través del comercio, las inversiones y el desarrollo en infraestructuras, expandiendo su influencia dentro del bloque y asegurándose recursos esenciales de otros Estados Miembro[200].

Los BRICS también son útiles para China en el contexto de su rivalidad con Estados Unidos, sobre todo como una herramienta de influencia hacia los países en desarrollo, en términos de *soft power*, el cual la Administración Trump ha sustituido por un enfoque realista y de *hard power*. Es también un importante elemento de cooperación estratégica con Rusia y una plataforma para el diálogo con India (algo especialmente importante dada su complicada relación bilateral, y cuyas tensiones se han intensificado en los últimos años). China quiere unificar en forma de bloque a los participantes de los BRICS para avanzar en sus objetivos[201].

En relación al aspecto de la cooperación económica, aunque esto sea algo secundario para China, especialmente en comparación con la dimensión política, esta sirve de apoyo al desarrollo de las relaciones políticas. China y los BRICS se oponen al proteccionismo comercial y a las restricciones a la cooperación económica, acusando tanto a la Unión Europea como a Estados Unidos de llevar a cabo dichas prácticas[202].

Por tanto, podemos afirmar que los BRICS son uno de los instrumentos más importantes en la política exterior china, aunque no el único. El importante crecimiento experimentado por el grupo en los últimos años lo ha convertido en un foro de gran relevancia para Pekín. Las amenazas del Presidente Trump de imponer aranceles del 100% contra los países que busquen reducir el papel del dólar en el comercio internacional, dirigidos en parte a los BRICS, podrían estar reforzando la percepción china del grupo como alternativa al orden occidental y como un valioso mecanismo para consolidar al Sur Global y a sus países[203].

En resumen, China busca apoyarse en los BRICS para impulsar su influencia a nivel mundial.

---

199 Frimpong, E., Sibiri, H. (2024). *Building a bloc from BRICS: Assessing China's strategic interests and influence.* APRI - Africa Policy Research Institute. Disponible en: https://afripoli.org/building-a-bloc-from-brics-assessing-chinas-strategic-interests-and-influence

200 *Idem.*

201 Przychodniak, M. (2025) *China Building Up BRICS as Important Foreign Policy Tool.* PISM: The Polish Institute of International Affairs. Disponible en: https://pism.pl/publications/china-building-up-brics-as-important-foreign-policy-tool#:~:text=BRICS%20is%20useful%20for%20China%20in%20its%20rivalry,Russia%20and%20a%20platform%20for%20dialogue%20with%20India

202 *Idem.*

203 *Idem.*

Conclusiones

a lo largo del trabajo se han abordado numerosas cuestiones concernientes tanto a los BRICS en su conjunto, como a China, en su rol de líder, y analizando cómo utiliza a los BRICS para llevar a cabo sus objetivos de política exterior, y como China, dado su gran peso económico e influencia política y geopolítica, ayuda a los BRICS a avanzar en sus aspiraciones.

Para responder a la pregunta central de investigación – ¿Cómo utiliza China a los BRICS para avanzar en su objetivo de reconfigurar el orden mundial históricamente liderado por Occidente, y hasta qué punto los BRICS tienen la capacidad de redefinir el orden global?–, se plantearon tres hipótesis, que engloban los principales aspectos sobre los que discurren los objetivos y las políticas llevadas a cabo tanto por los BRICS como por China en el contexto de su posición claramente superior en el grupo.

Se procede, pues, a analizar cada hipótesis, y a concluir si pueden ser ciertas o no.

La primera hipótesis planteaba que China utiliza a los BRICS como una herramienta para avanzar en la consecución de sus distintos objetivos de política exterior. Y que aunque los BRICS tengan una gran importancia para China, no son la única vía empleada por Pekín para llegar a conseguir sus objetivos.

– La investigación demuestra que China sí usa a los BRICS como herramienta en su estrategia de política exterior, lo que le permite proyectar su influencia hacia el resto del mundo, fortalecer y consolidar su liderazgo en el Sur Global, a través de distintas alianzas y asociaciones, presentándose como la abanderada de un orden global de carácter multipolar, y en cierto modo y desde la perspectiva china, un orden más justo. Además, China usa a los BRICS para desafiar la posición hegemónica de Occidente.

– China también emplea a los BRICS para avanzar en su narrativa de desarrollo alternativo, que no deja de lado a países que se puedan sentir marginados o ignorados por Estados Unidos, Occidente, y las instituciones multilaterales liderados por ellos. Por tanto, los BRICS son una poderosa herramienta de *soft power* y de diplomacia pública para China, especialmente en áreas como la de la reforma del sistema financiero global o el de la promoción de un nuevo multilateralismo en el contexto de la creciente multipolaridad.

– Asimismo, los BRICS ofrecen a China un espacio en el que ejercer su claro liderazgo sin la influencia de Occidente, concediéndole un mayor margen de maniobra. China, gracias a su peso económico y su influencia política, ha conseguido configurar en cierto modo a los BRICS y su agenda política, al impulsar temas afines a los objetivos de la política exterior china, como la desdolarización o la reforma del orden institucional y de gobernanza global.

– Sin embargo, los BRICS no son la única herramienta empleada por China en su estrategia de política exterior, ya que complementa a los BRICS con otras iniciativas y organizaciones como la Iniciativa de la Franja y la Ruta, cuyos proyectos de infraestructuras contribuyen a conectar más de 140 países; la SCO (*Shanghai Cooperation Organization*), orientada al ámbito de la seguridad regional; o el AIIB (*Asian Infrastructure Investment Bank*), que actúa como brazo financiador para proyectos de infraestructura.

– Estas plataformas se interrelacionan con los BRICS a la hora de servir al propósito chino de reconfigurar el orden internacional, demostrando que los BRICS, a pesar de ser un componente importante, no es el único.

La segunda hipótesis planteaba que China y los BRICS, mediante la desdolarización, usando en mayor medida monedas locales, conseguirán debilitar de modo parcial el papel del dólar como divisa hegemónica y dominante en el comercio internacional, pero que, sin embargo, el dólar mantendrá su posición dominante en el futuro. Además, se descarta la idea de crear una divisa común BRICS.

– La investigación respalda la hipótesis. Los BRICS han avanzado en la desdolarización, y parece que la tendencia se mantendrá. Han promovido el comercio en monedas locales, siendo la más beneficiada el renminbi, reduciendo de modo parcial la dominancia del dólar en las transacciones entre los BRICS.

– La creación de instituciones y mecanismos, como el Nuevo Banco de Desarrollo o el Acuerdo de Reservas Contingentes, alternativos al sistema de Bretton Woods (FMI y Banco Mundial) refuerzan la capacidad de actuación de los BRICS sin tener que depender directamente del dólar o de las mencionadas instituciones financieras multilaterales occidentales. Contribuye a reducir la exposición al sistema del dólar, y el hecho de que algunas de estas instituciones concedan préstamos y financiación para grandes proyectos de infraestructuras en monedas locales y no en dólares marca un avance significativo en esta dirección. Esta línea es importante, ya que materializa los deseos de los BRICS en cuanto a impulsar su cooperación en proyectos prácticos y concretos.

– Sin embargo, el dólar continúa siendo la divisa dominante en el comercio internacional, gracias a su liquidez, estabilidad y el prestigio y el tamaño del mercado financiero estadounidense. Además, el dólar no está sometido a regímenes de control de capitales, como sí ocurre con el renminbi chino, la rupia india o el rublo ruso. La propia percepción del dólar como reserva de valor y garante de la estabilidad financiera y comercial hace que sea muy complicado arrebatarle su posición actual de dominio, a pesar de los distintos esfuerzos emprendidos en el área de la desdolarización.

– La idea de la creación de una moneda BRICS es algo improbable e inverosímil, dadas las notorias diferencias económicas y políticas entre los miembros de los BRICS, que de hecho han abandonado prácticamente dicha idea. No parece realista que los gobiernos de China, India o Rusia acepten ceder su soberanía monetaria en favor de un banco central supranacional de los BRICS, que dicte su propia política monetaria homogénea y unificada. Además, los BRICS no cuentan con ningún tipo de unión monetaria, como sí ocurre por ejemplo en la eurozona. No existe una voluntad clara de avanzar en esta dirección de manera conjunta, al menos por el momento.

La tercera y última hipótesis plantea que, a pesar de que las divisiones internas en los BRICS continuarán aumentando en los próximos años, la propia supervivencia del bloque no se verá comprometida, aunque se orientará hacia un enfoque más político.

– La investigación vuelve a respaldar la hipótesis, ya que a medida que los BRICS se han expandido, con el propósito de ampliar su influencia a nivel global, las contradicciones y divergencias internas también se han expandido. Las tensiones que se dan no son nuevas ni se deben a la adhesión a los BRICS, sino que existían previamente. El principal problema es que las distintas diferencias actúan como obstáculos a la cohesión interna del bloque.

– El ejemplo más visible es la rivalidad entre India y China, cuya relación bilateral está condicionada por sus ambiciones de liderazgo e influencia en Asia, las tensiones relacionadas con el conflicto fronterizo que mantienen en el Himalaya, la competición económica y la percepción mutua de desconfianza el uno del otro. Esta rivalidad no es la única, ya que otras como las relacionadas con Irán y Arabia Saudí, o con Egipto y Etiopía dificultan enormemente la capacidad de articular una acción coordinada entre los BRICS, especialmente en su dimensión de política exterior, y de trabajar conjuntamente hacia sus objetivos.

– Sin embargo, a pesar de estas divisiones ya existentes previamente, los BRICS no han hecho más que crecer en peso económico, influencia política, o en su número de miembros, y cada vez más naciones desean unirse al grupo. Esto refleja que más allá de sus contradicciones y tensiones internas, los BRICS ofrecen una plataforma atractiva y alternativa para aquellos países que aspiran a ganar poder de negociación e influencia. Formar parte de los BRICS aporta un cierto estatus de prestigio, y ofrece un acceso más sencillo y directo hacia países como China, que es un inmenso mercado y un actor cada vez más importante e influyente.

– Los BRICS llevan tiempo en una tendencia de creciente politización, alejándose del enfoque inicial de cooperación económica entre países en desarrollo y economías emergentes. La reciente incorporación de Irán parece dar cuenta de ello, de la sustitución del enfoque de la cooperación por el de la batalla contra Occidente, no de un modo pragmático, sino de uno político-ideológico, y también de la formación de 'bloques' dentro de los BRICS, con China, Rusia e Irán por un lado, e India y Brasil por otro.

– China, en este marco, surge como el principal actor interesado en 'ideologizar' al bloque. Es China quien más impulsó la expansión del bloque, y la principal promotora de la multipolaridad en el orden internacional. Rusia también ha impulsado hacia esta dirección, debido principalmente a que China es su único apoyo significativo tras la invasión a Ucrania y su posterior aislamiento internacional.

– Lo más relevante es que las contradicciones en los BRICS no parecen poner en riesgo la supervivencia del grupo por el momento, ya que los BRICS funcionan de modo flexible, permitiendo a sus miembros colaborar en temas concretos sin renunciar a su soberanía, lo cual otorga a los BRICS una mayor capacidad de adaptación y resiliencia ante los cambios y las posibles disrupciones.

Por tanto, teniendo en cuenta la discusión de las hipótesis, y dando respuesta la pregunta central de investigación –¿Cómo utiliza China a los BRICS para avanzar en su objetivo de reconfigurar el orden mundial históricamente liderado por Occidente, y hasta qué punto los BRICS tienen la capacidad de redefinir el orden global? –, se puede afirmar que China efectivamente utiliza a los BRICS como una herramienta en su objetivo de reconfiguración del orden internacional. Formar parte del grupo le permite proyectar su influencia más allá de su esfera inmediata de influencia, hacia espacios que históricamente le habían resultado menos próximos, al mismo tiempo que consolida sus lazos con el Sur Global y refuerza su imagen como líder de una alternativa creíble al sistema occidental. Los BRICS son para China un canal diplomático, económico y político para impulsar una agenda de multipolaridad, reforma de las instituciones, y de la gobernanza global.

Sin embargo, los BRICS no son el único instrumento empleado por China en la reconfiguración del sistema, sino que representan una pieza dentro de una arquitectura más amplia de poder e influencia que busca desplazar el foco hacia Asia y las economías emergentes del Sur Global.

Respecto a la capacidad real de los BRICS para redefinir el orden global, el bloque está consiguiendo importantes avances, sobre todo en el campo económico y financiero, con la promoción del uso de monedas locales en los intercambios comerciales bilaterales, la creación de instituciones como el NBD, o abogando por la reforma del FMI y el Banco Mundial. No obstante, estos avances aún no son suficientes como para reemplazar las instituciones surgidas tras Bretton Woods, aún dominadas por Occidente y con el dólar como la moneda hegemónica.

Por otro lado, los BRICS se enfrentan a importantes limitaciones, como sus marcadas diferencias internas, la falta de un discurso e identidad común definidos, y la ausencia de una gobernanza formal. A pesar de ello, los BRICS han demostrado una capacidad de resiliencia, creciendo y ampliándose, y consolidándose como un atractivo modelo para numerosos países del Sur Global que busquen diversificar sus alianzas y reducir su dependencia de Occidente.

En conclusión, China utiliza a los BRICS como una herramienta y plataforma estratégica para impulsar la reconfiguración del orden global, pero su alcance es aún parcial y limitado. El bloque está contribuyendo a erosionar y debilitar gradualmente las estructuras occidentales del sistema internacional, ofreciendo un marco alternativo que parece ser que ganará un mayor peso en el futuro. Sin embargo, los BRICS aún no están en condiciones de sustituir por completo las mencionadas estructuras, aunque en un contexto de creciente multipolaridad, serán indudablemente un actor fundamental.

Bibliografía

Asian Infrastructure Investment Bank (2025). *Governance: Members and Prospective Members of the Bank.* Asian Infrastructure Investment Bank. Disponible en: https://www.aiib.org/en/about-aiib/governance/members-of-bank/index.html

Asian Infrastructure Investment Bank. (*s.f.*). *Index.* Asian Infrastructure Investment Bank. Disponible en: https://www.aiib.org/en/index.html

Bajpaee, C., Jie, Y. (2025). *How China–India relations will shape Asia and the global order.* Londres: Royal Institute of International Affairs. Disponible en: https://www.chathamhouse.org/sites/default/files/2025-04/2025-04-23-how-china-india-relations-will-shape-asia-global-order-bajpaee-jie.pdf

Banco Central Europeo - Eurosistema (2016). ¿Qué son las líneas de swap de divisas?. Banco Central Europeo - Eurosistema. Disponible en: https://www.ecb.europa.eu/ecb-and-you/explainers/tell-me-more/html/currency_swap_lines.es.html#:~:text=Una%20lÍnea%20swap%20es%20un%20acuerdo%20entre%20dos,moneda%20de%20los%20bancos%20comerciales%20de%20su%20paÍs

Banco Mundial (*s.f.*). *Population, total - Brazil, Russian Federation, India, China, South Africa, Ethiopia, Egypt, Arab Rep., Iran, Islamic Rep., Indonesia, World.* World Bank Group. Disponible en: https://data.worldbank.org/indicator/SP.POP.TOTL?locations=BR-RU-IN-CN-ZA-ET-EG-IR-ID-1W

Banco Mundial (*s.f.*). *GDP (current US$) - Brazil, Russian Federation, India, China, South Africa, Egypt Arab Rep., Ethiopia, United Arab Emirates, Iran, Islamic Rep., Indonesia, World.* World Bank Group. Disponible en: https://data.worldbank.org/indicator/NY.GDP.MKTP.CD?end=2023&locations=BR-RU-IN-CN-ZA-EG-ET-AE-IR-ID-1W&start=2015

Banco Mundial (*s.f.*): *GDP (current US$) - China, Brazil, Russian Federation, India, South Africa.* World Bank Group. Disponible en: https://data.worldbank.org/indicator/NY.GDP.MKTP.CD?locations=CN-BR-RU-IN-ZA

Banco Mundial (*s.f.*). *Population, total - Russian Federation.* World Bank Group - Data. Disponible en: https://data.worldbank.org/indicator/SP.POP.TOTL?end=2023&locations=RU-IT&start=2023

Banco Mundial (*s.f.*). *GDP (current US$) - Russian Federation, Germany.* World Bank Group Data. Disponible en: https://data.worldbank.org/indicator/NY.GDP.MKTP.CD?end=2023&locations=RU-DE&start=2022

Banco Mundial (*s.f.*). *GDP growth (annual %) - China, Brazil, Russian Federation, India, South Africa.* World Bank Group Data. Disponible en: https://data.worldbank.org/indicator/NY.GDP.MKTP.KD.ZG?end=2013&locations=CN-BR-RU-IN-ZA&start=2009&view=chart

Banco Mundial (*s.f.*). *GDP growth (annual %) - European Union, United States, Japan, Germany, France, Italy, United Kingdom.* World Bank Group Data. Disponible en: https://data.worldbank.org/indicator/NY.GDP.MKTP.KD.ZG?end=2013&locations=EU-US-JP-DE-FR-IT-GB&start=2009

Banco Mundial (*s.f.*). *GDP per capita (current US$) - India, Russian Federation, China.* World Bank Group. Disponible en: https://data.worldbank.org/indicator/NY.GDP.PCAP.CD?locations=IN-RU-CN

Beraldo, S. (2023). *The BRICS and the Challenge of Challenging the Global Order.* IREF - The Institute for Research in Economic and Fiscal Issues. Disponible en: https://en.irefeurope.org/publications/online-articles/article/the-brics-and-the-challenge-of-challenging-the-global-order/

Bishop, M. (2022). *The BRICS countries: where next and what impact on the global economy?.* Economics Observatory. Disponible en: https://www.economicsobservatory.com/the-brics-countries-where-next-and-what-impact-on-the-global-economy

Bodeen, C. (2025): *China will increase its defense budget 7.2% this year.* AP News. Disponible en: https://apnews.com/article/china-defense-budget-taiwan-4ac7cbdc7d5b889732cd55916ff7eb36

BRICS (2017). *BRICS Leaders Xiamen Declaration.* BRICS 2017 China. Disponible en: http://www.brics.utoronto.ca/docs/170904-xiamen.pdf

BRICS Portal (s.f.). *History of BRICS*. Infobrics. Disponible en: https://infobrics.org/page/history-of-brics/

Britannica (2025). *BRICS*. Britannica. Disponible en: https://www.britannica.com/topic/BRICS

Bunskoek, R., Verburg, S. (2025): *The BRICS and the Emerging Order of Multipolarity*. La Haya: Clingendael. Disponible en: https://www.clingendael.org/sites/default/files/2025-05/BRICS_Emerging_Order_Multipolarity.pdf

Cambridge University Press (2022). *Can BRICS De-dollarize the Global Financial System?*. Cambridge: Cambridge University Press. Disponible en: https://www.cambridge.org/core/services/aop-cambridge-core/content/view/0AEF98D2F232072409E9556620AE09B0/9781009014625AR.pdf/Can_BRICS_De-dollarize_the_Global_Financial_System_.pdf?event-type=FTLA

Chakraborty, S. (2018). *Significance of BRICS: Regional Powers, Global Governance, and the Roadmap for Multipolar World*. Emerging Economy Studies - SAGE Publications. Disponible en: https://journals.sagepub.com/doi/epub/10.1177/2394901518795070

Chatterjee, M. (2024). *China and India Compete for Leadership of the Global South*. Council on Foreign Relations. Disponible en: https://www.cfr.org/blog/china-and-india-compete-leadership-global-south

Chaturvedi, A. (2023). *India ties up with UAE to settle trade in rupees*. Reuters. Disponible en: https://www.reuters.com/world/india-ties-up-with-uae-settle-trade-rupees-2023-07-15/#:~:text=India%20has%20signed%20an%20agreement%20with%20the%20United,to%20cut%20transaction%20costs%20by%20eliminating%20dollar%20conversions

CIPS (*s.f.*). *Introduction*. CIPS. Disponible en: https://www.cips.com.cn/cipsenmobile/7242/7256/34009/index.html

De Aragao, T. (2023): *BRICS: A China-Led Group Looking for Relevance*. The Diplomat. Disponible en: https://thediplomat.com/2023/08/brics-a-china-led-group-looking-for-relevance/

Feingold, S. (2024). ¿Qué son y para qué sirven los BRICS? Esto es lo que hay que saber sobre el bloque internacional. World Economic Forum. Disponible en: https://es.weforum.org/stories/2024/11/que-son-y-para-que-sirven-los-brics-esto-es-lo-que-hay-que-saber-sobre-el-bloque-internacional/

Ferragamo, M. (2024): *What is the BRICS group and why is it expanding*. Council on Foreign Relations. Disponible en: https://www.cfr.org/backgrounder/what-brics-group-and-why-it-expanding#:~:text=The%20countries%20that%20comprise%20BRICS%E2%80%94which%20stands%20for%20Brazil%2C,to%20increase%20their%20sway%20in%20the%20global%20order

Fondo Monetario Internacional (s.f.): *Derechos Especiales de Giro (DEG)*. Fondo Monetario Internacional. Disponible en: https://www.imf.org/es/About/Factsheets/Sheets/2023/special-drawing-rights-sdr

Frimpong, E., Sibiri, H. (2024): *Building a bloc from BRICS: Assessing China's strategic interests and influence*. APRI - Africa Policy Research Institute. Disponible en: https://afripoli.org/building-a-bloc-from-brics-assessing-chinas-strategic-interests-and-influence

Gabuev, A., Stuenkel, O. (2024): *The Battle for the BRICS - Why the Future of the Bloc Will Shape Global Order*. Foreign Affairs. Disponible en: https://www.foreignaffairs.com/russia/battle-brics

Gattolin, A., Véron, E. (2024): *The BRICS, a geopolitical challenge overlooked by the European Union*. Fondation Robert Schuman. Disponible en: https://server.www.robert-schuman.eu/storage/en/doc/questions-d-europe/qe-736-en.pdf

Greene, R. (2024). *China's Dollar Dilemma*. Washington, DC: Carnegie Endowment for International Peace. p. 5. Disponible en: https://carnegie-production-assets.s3.amazonaws.com/static/files/Greene_China%20Dollar_final.pdf

Hart, B. (2023). *The 2023 BRICS Summit: A mixed bag for China*. OXPOL - The Oxford University Politics Blog. Disponible en: https://blog.politics.ox.ac.uk/the-2023-brics-summit-a-mixed-bag-for-china/

Huland, G. (2025). *BRICS: growth of China-led bloc raises questions about a rapidly shifting world order.* The Conversation. Disponible en: https://theconversation.com/brics-growth-of-china-led-bloc-raises-questions-about-a-rapidly-shifting-world-order-248075

International Hydropower Association (*s.f.*). *Ethiopia - Grand Ethiopian Renaissance Dam (GERD).* International Hydropower Association. Disponible en: https://www.hydropower.org/sediment-management-case-studies/ethiopia-grand-ethiopian-renaissance-dam-gerd

International Labour Organization (2025). *The ILO and the BRICS.* International Labour Organization. Disponible en: https://www.ilo.org/about-ilo/ilo-and-multilateral-system/ilo-and-brics

Ismail, S. (2023). *Can BRICS dethrone the US dollar? It'll be an uphill climb, experts say.* Al Jazeera. Disponible en: https://www.aljazeera.com/features/2023/8/24/can-brics-dethrone-the-us-dollar-itll-be-an-uphill-climb-experts-say

Kaufman, A. (2025). *Entering 2025, China and partner countries reflect on the Belt and Road Initiative.* China Digital Times. Disponible en: https://chinadigitaltimes.net/2025/01/entering-2025-china-and-partner-countries-reflect-on-the-belt-and-road-initiative/

McBride, J., Berman, N., Chatzky, A., (2023): *China's Massive Belt and Road Initiative.* Council on Foreign Relations. Disponible en: https://www.cfr.org/backgrounder/chinas-massive-belt-and-road-initiative

McKibbin, W. (2025). *Trump's threatened tariffs projected to harm economies of US and the BRICS.* PIIE - Peterson Institute for International Economies. Disponible en: https://www.piie.com/blogs/realtime-economics/2025/trumps-threatened-tariffs-projected-harm-economies-us-and-brics

Millar, P. (2023). *How the BRICS nations failed to rebuild the global financial order.* France 24. Disponible en: https://www.france24.com/en/economy/20230824-how-the-brics-nations-failed-to-rebuild-the-global-financial-order

Moch, E. (2024). *The Economic and Geopolitical Significance of the BRICS Nations: A Comparative Analysis of Their Global Influence in the 21st Century.* East African Journal of Business and Economics, 7(2). Disponible en: https://doi.org/10.37284/eajbe.7.2.2310

Mooradian, M. (2024). *The BRICS Challenge to the G7 Established International Order.* FPRI - Foreign Policy Research Institute. Disponible en: https://www.fpri.org/article/2024/09/the-brics-challenge-to-the-g7-established-international-order/

Naciones Unidas (2023). *BRICS Investment Report.* Naciones Unidas. Disponible en: https://unctad.org/system/files/official-document/diae2023d1_en.pdf

Nedopil, C. (2025). *China Belt and Road Initiative (BRI) Investment Report 2024.* Brisbane: Griffith Asia Institute and Green Finance & Development Center, FISF. Disponible en: https://greenfdc.org/wp-content/uploads/2025/02/Nedopil-2025_China-Belt-and-Road-Initiative-BRI-Investment-Report-2024-1.pdf

New Development Bank (2022). *NDB at 7: New Development Bank Celebrates Seven Years of Accomplishments.* New Development Bank. Disponible en: https://www.ndb.int/news/ndb-at-7-new-development-bank-celebrates-seven-years-of-accomplishments/#:~:text=Since%20its%20foundation%2C%20the%20Bank,fit%2Dfor%2Dpurpose%20institution

New Development Bank (*s.f.*). *About NDB.* New Development Bank. Disponible en: https://www.ndb.int/about-ndb/

New Development Bank (*s.f.*). *Focus Areas.* New Development Bank. Disponible en: https://www.ndb.int/about-ndb/focus-areas/

Nicolas, F. (2025): *Reconnect China Policy Brief 21.* Ghent University. Disponible en: https://www.reconnect-china.ugent.be/wp-content/uploads/2025/03/ReConnect-China-Policy-Brief-21-The-China-led-AIIB.pdf

Nye, Jr., J. (2025). *What are the BRICS good for?* Project Syndicate. Disponible en: https://www.project-syndicate.org/commentary/brics-china-russia-india-do-not-represent-global-south-and-have-own-rivalries-by-joseph-s-nye-2025-01

O'Neill, J. (2001). *Building Better Global Economic BRICs*. Nueva York: Goldman Sachs. Disponible en: https://www.goldmansachs.com/pdfs/insights/archive/archive-pdfs/build-better-brics.pdf

Papa, M. (2025). *US Policy on BRICS: A Temporary Fix or a Strategic Reset?*. Australian Institute of International Affairs. Disponible en: https://www.internationalaffairs.org.au/australianoutlook/us-policy-on-brics-a-temporary-fix-or-a-strategic-reset/

Parlamento Europeo (2024). *Expansion of BRICS: A quest for greater global influence?* Parlamento Europeo: Bruselas. Disponible en: https://www.europarl.europa.eu/RegData/etudes/BRIE/2024/760368/EPRS_BRI(2024)760368_EN.pdf

Pianese, B. (2023): *Top 1000 World Banks 2023*. The Banker. Disponible en: https://www.thebanker.com/content/0bd008c8-4a8b-5ff9-b364-8e0de16acb61

Przychodniak, M. (2025). *China Building Up BRICS as Important Foreign Policy Tool*. PISM: The Polish Institute of International Affairs. Disponible en: https://pism.pl/publications/china-building-up-brics-as-important-foreign-policy-tool#:~:text=BRICS%20is%20useful%20for%20China%20in%20its%20rivalry,Russia%20and%20a%20platform%20for%20dialogue%20with%20India

Sharshenova, A. (2023). *The impact of the war in Ukraine of the BRICS: Six takeaways from an expert discussion*. The Foreign Policy Centre. Disponible en: https://fpc.org.uk/the-impact-of-the-war-in-ukraine-on-the-brics-six-takeaways-from-an-expert-discussion/

Singh, A. (2023). *BRICS and BRI: China Aims for Strategic Alignment*. Nueva Delhi: Observer Research Foundation. Disponible en: https://www.orfonline.org/public/uploads/posts/pdf/20230817220959.pdf

Stuenkel, O. (2023). *BRICS Faces a Reckoning*. Foreign Policy. Disponible en: https://foreignpolicy.com/2023/06/22/brics-summit-brazil-russia-india-china-south-africa-putin-nonalignment-global-south/

The Economist (2023). *The BRICS bloc is riven with tensions*. The Economist. Disponible en: https://www.economist.com/international/2023/08/17/the-brics-are-getting-together-in-south-africa

U.S. Department of the Treasury (2025). *Major Foreign Holders of U.S. Treasury Securities*. U.S. Department of Treasury. Disponible en: https://ticdata.treasury.gov/resource-center/data-chart-center/tic/Documents/slt_table5.txt

Vidal-León, C. (2017). *The BRICS: A Very Short Introduction by Andrew F. Cooper* Cambridge: Cambridge University Press.

Vision of Humanity (2021): *Battle for Resources: Ethiopian Dam Plans Raise Tensions*. Vision of Humanity. Disponible en: https://www.visionofhumanity.org/battle-for-resources-ethiopian-dam-plans-raise-tensions/#:~:text=The%20construction%20of%20the%20Ethiopian%20dam%2C%20a%20large,river%20and%20has%20become%20flashpoint%20for%20geopolitical%20tensions

Walker, A. (2009). *El loco precio del barril de crudo*. BBC News Mundo. Disponible en: https://www.bbc.com/mundo/economia/2009/07/090714_2133_petroleo_precios_jg

World Economic Forum (2024). *What is the G20 and why does it matter?*. World Economic Forum. Disponible en: https://www.weforum.org/stories/2024/11/g20-summit-what-you-need-to-know/

Xia, L., Huang, B. (2025). *China | Riding the waves: Stocktaking RMB Internationalization Development*. Hong Kong: BBVA Research. Disponible en: https://www.bbvaresearch.com/en/publicaciones/china-riding-the-waves-stocktaking-rmb-international-development/?cid=eml::sfm:00004491-bbvaresearch_email_instantaneo--:-comun-::visita:::20250227:::ingles

Ying Shan, L. (2023). *Western sanctions on Russia could push the BRICS alliance closer*. CNBC. Disponible en: https://www.cnbc.com/2023/09/11/western-sanctions-on-russia-could-push-the-brics-alliance-closer-appec.html

Zerzan, G. (2024). *Ignoring BRICS Expansion Threatens America's Economic Security | Opinion*. Disponible en: https://www.newsweek.com/ignoring-brics-expansion-threatens-americas-economic-security-opinion-1859634

Anexo: Entrevistas realizadas

En este anexo se adjuntan las cuatro entrevistas realizadas a los expertos, quienes ya han sido presentados en su correspondiente apartado:

Entrevista número 1: **Ángel Gómez de Agreda** (19/03/2025)

1. Considerando las rivalidades existentes dentro de los BRICS (como las disputas entre China e India), ¿cree que la asociación tiene la solidez suficiente para perdurar y profundizar su cooperación en el futuro?

Los BRICS son uno de los ejemplos más claros del 'minilateralismo': organizaciones más pequeñas que están sustituyendo gradualmente a las instituciones más grandes de gobernanza global (como Naciones Unidas), en grupos con un interés muy concreto.

Los BRICS no pretenden ser una alianza como la OTAN o como Naciones Unidas. Tienen un objetivo muy concreto que es fomentar el multilateralismo. Ahí están perfectamente alineados, sin importar las disputas que existen entre ellos.

En absoluto interfieren las discrepancias que puedan tener en otros aspectos en la consecución del objetivo concreto que tienen. Las diferencias en los BRICS solamente afectarían en el caso de materializarse en un conflicto abierto por ejemplo (Arabia Saudí e Irán, China e India), lo que evidentemente haría incompatible la cooperación en el ámbito de los BRICS en caso de producirse algo así. Mientras que la realidad permanezca en la zona gris sin conflictos declarados, sí se podrá seguir profundizando en el objetivo interno de los BRICS independientemente de las rivalidades entre los países.

2. En su opinión, ¿cuáles son los principales retos que los BRICS deberán superar para consolidarse como un actor relevante en la reconfiguración del orden geopolítico global?

Más que intentar ser un actor relevante, lo que pretenden es eliminar a los actores relevantes para dar lugar a un multilateralismo. El principal reto al que se enfrentan es encontrar una fórmula que socave realmente la hegemonía de, en este caso, Estados Unidos. Encontrar una fórmula que sea lo suficientemente neutra para cada uno de ellos, pero que cumpla los objetivos. No vale, por ejemplo, instaurar el yuan como moneda alternativa al dólar, ya que eso claramente lo que hace es sustituir una hegemonía por otra.

Entonces, se trata de encontrar una fórmula neutra, y esa es la principal dificultad que enfrentan los BRICS. No beneficiar a unos sin perjudicar a otros.

3. En cuanto a la desdolarización, ¿cree usted que el renminbi (RMB) podrá ser más protagonista, e incluso reemplazar al dólar? En cuanto al establecimiento de una divisa común BRICS, ¿cómo lo valora usted?

Lo de la divisa común es tremendamente difícil, sobre todo en el corto-medio plazo. El euro mismo tardó unos dos años en ser una moneda lo suficientemente relevante. El RMB ahora mismo solo supone un 3% del comercio mundial, con lo cual, independientemente de que China sea la segunda o la primera economía, en paridad de poder adquisitivo (PPA) del mundo, su moneda no pasa de ese 3% en los intercambios comerciales. No veo a corto plazo una moneda común. No veo al RMB llegando al nivel del dólar. Por eso hablo más de socavar el papel del dólar que de encontrar una alternativa única.

Las criptomonedas podrían ser una alternativa viable, sobre todo ahora que EE.UU. o Europa están debatiendo la creación de monedas digitales. A partir de ahí sí que se podría alterar el equilibrio, pero más por socavar la hegemonía del dólar. En resumen, EE.UU. y el dólar se van defender.

4. ¿Cree que la confluencia de naciones democráticas (Brasil o India) y de regímenes más autoritarios (Rusia o China) condicionan el futuro de los BRICS como alianza?

La democracia entendida en sentido europeo es ciertamente distinta a la democracia entendida en sentido indio o brasileño. Lo primero, los índices de calidad democrática han disminuido en todo el mundo. Se da el modelo alternativo de autocracias 'eficientes' (China o India, donde han disminuido las garantías del proceso democrático). Están convergiendo los modelos en los regímenes autoritarios y democráticos. No se ve que haya una incompatibilidad.

En los últimos meses o el último año se está viendo la vuelta a una política de estrechamiento de las potencias. Por lo tanto, no se trata tanto del régimen bajo el que esté funcionando, sino de que los intereses entre ellas confluyan.

5. ¿Piensa que los BRICS tienen el potencial real para constituirse como una alternativa al G7 y en la gobernanza global? ¿Es el modelo del G20, quizás, el camino a seguir?

El G7 se ha convertido en un Consejo de Seguridad de Naciones Unidas ampliado a los países afines al bloque occidental. El G7 se considera que está a servicio del bloque occidental. Los BRICS no creo que pretendan agruparse en favor de una potencia o de una ideología concreta. Pretenden desmontar esa hegemonía, y no cree que sean equivalentes al G7.

Con respecto al G20 y a los modelos de gobernanza, volvemos a lo de antes, la multiplicidad de organizaciones específicas para resolver un tipo de problema. El G7 sirve para apoyar políticas occidentales saltándote el veto posible en el Consejo de Seguridad de la ONU de China y Rusia. El G20 sirve para dar credibilidad a las decisiones que se puedan tomar. La OCDE o la OSCE son otros ejemplos. Cada una servirá para una cosa concreta, pero ninguna de ellas es la referencia de gobernanza mundial.

6. ¿Cuál cree que es el papel que juega la UE en la rivalidad entre los BRICS y Occidente, o EE.UU.?

El problema va a ser el equilibrio entre China y Estados Unidos. La igualdad que existe ahora mismo de capacidades entre ambos –la competición entre ambos– deja menos espacio para la cooperación con los socios, e incluso para la generosidad con los socios.

Es decir, que mientras Europa se sentía muy cómoda con EE.UU., en términos de seguridad, ya que EE.UU. mantenía una serie de privilegios para los aliados, en aspectos comerciales e industriales, eso está cambiando.

EE.UU. está actualmente tratando a sus socios tradicionales, en términos económicos, del mismo modo que a sus rivales, y por lo tanto, está desincentivando la cooperación o el alineamiento entre Europa y Estados Unidos.

Eso no tiene nada que ver con lo que haga China en cuanto a intentar acercarse a Europa. Es más un alejamiento en el Atlántico que un acercamiento en Eurasia lo que puede ocurrir. En ese sentido, es EE.UU. el que está rechazando mantener las alianzas que tradicionalmente ha mantenido.

EE.UU., mediante distintas iniciativas, está fomentando el traslado de las empresas, no de los competidores, de los aliados, a Estados Unidos. Por ejemplo, el caso de Samsung, en Corea del Sur, ya que se está intentando que traslade parte de su producción a EE.UU., o Taiwán, con TSMC. Es decir, lo que antes era el *friendshoring* (no tener todo en tu país, pero sí en países de confianza), ahora mismo está intentando que sea un *reshoring*, una vuelta en exclusiva al territorio nacional. Con lo cual, fortaleces tus capacidades internas, pero debilitas tus alianzas. Eso, evidentemente, desincentiva mucho a Europa.

No creo que lleguemos a una situación como la de India, de no-alineamiento, o multi-alineamiento, que consiste en mantener lazos con todo el mundo. En Europa no creo que lleguemos a ese extremo, y mucho menos si las cosas empeoran. En caso de conflicto abierto, "cada oveja volverá con su pareja". Pero solo en caso de conflicto abierto, no mientras haya posibilidad de competir y de diversificar.

Europa ahora mismo, a corto-medio plazo, no tiene capacidad para desarrollar una autonomía en el ámbito militar o industrial. No porque no tenga capacidad de producción o de fabricación, sino porque hay muchos elementos críticos que son de EE.UU. o de China. Europa ha dejado de producir patentes y estándares, y por tanto depende para los componentes concretos de muchos sistemas de EE.UU. o China. Con lo cual, se incrementarán las capacidades, pero seguirán en buena parte apoyados en Estados Unidos.

Europa debería buscar la relevancia de nicho. Ser relevantes en algún ámbito concreto. Por ejemplo, en el de los semiconductores, con ASML.

Entrevista número 2: **Pablo Rupérez Pascualena** (08/04/2025)

1. En términos geopolíticos y económicos, ¿cómo evalúa la posición de la UE frente a los BRICS? ¿Está la UE perdiendo relevancia en comparación con este bloque?

Dos consideraciones previas. Primero, ya estábamos en un contexto de cambio de orientación del sistema, que Trump ha acelerado. Todo se está replanteando, las relaciones entre bloques, entre países, etc. se están replanteando y nosotros también tenemos que replantearlo. También, por ejemplo, la relación entre la UE y los BRICS.

Segundo, en este marco actual de cambio, mi reflexión es: ¿Los BRICS son un bloque en realidad? Porque cuando se forman sí que claramente eran un bloque: países con un gran peso demográfico, pero que se consideraban infra-representados en algunos aspectos del diseño del sistema internacional.

Pero hoy en día estamos en un sistema internacional desafiado por "el gran inspirador", que es Estados Unidos. Organismos como Naciones Unidas o la OMC están en crisis, como la resolución pacífica de los conflictos, que también lo está. Y con países como Rusia, en el contexto de la guerra de Ucrania, que para la UE estamos en un marco de sanciones contra un país totalitario, con el cual la relación se encuentra reducida a lo mínimo. Con otros países como China, que en el contexto Trump, nos estamos replanteando la relación. Pero claramente China tiene un liderazgo económico, tecnológico y también geopolítico. Con China la relación es muy delicada, y yo creo que la UE lo tiene claro. Y luego hay países como Brasil, India, o Sudáfrica, que siguen siendo lo que eran. Es decir, grandes democracias con un gran peso demográfico que se sienten infra-representadas en el sistema, y yo creo que la UE las ve como potencias con las cuales hay margen para poder ampliar la relación.

Y luego además tienes a los BRICS Plus. A su vez, otra reflexión con los BRICS. Hay gente que ve a los BRICS y al Sur Global como una especie de 'nuevo movimiento de los No Alineados'. Es decir, como países que van a caer en el "poli-amorismo" en cuanto a las relaciones. Es decir, en ciertas cosas que comercialmente me relaciono con China, otras con EE.UU.; y luego hay cierta gente que los ve más bien como no alineados, pero que tienen un alineamiento, en cuanto a desafío de las relaciones internacionales y a la intención de cambiarlas, donde el ejemplo más claro es el Consejo de Seguridad de Naciones Unidas, en el que Brasil o India quieren tener un asiento.

Entonces, yo creo que una de las grandes preguntas del momento internacional es si los BRICS son un bloque. Y la segunda pregunta es si los BRICS realmente tienen una agenda: ¿son alineados? ¿son no alineados? Entonces, yo tengo la sensación de que, con todas las transformaciones del momento Trump, en realidad los BRICS ya no son un bloque claro, y lo que sí veo es que la UE está, por decirlo así, segmentando su relación. No los está tratando como a un bloque, sino que con Rusia hay una línea clara, que es la de las sanciones y el punto de vista contrario a la invasión de Ucrania; con China hay un planteamiento de prudencia, pero también con la época Trump, una idea de que hay que relacionarse con ellos; y con Brasil, India, Sudáfrica, etc., hay un planteamiento de aumentar y explorar la relación y los partenariados.

2. Desde su experiencia en Bruselas, ¿percibe que la UE esté haciendo esfuerzos para contrarrestar la creciente relevancia económica y geopolítica del bloque?

Yo creo que la UE está haciendo cosas, probablemente insuficientes. Como dice Iván Krastev, "una cosa es despertarse, y otra cosa es levantarse de la cama" – en términos geopolíticos. Entonces, Europa probablemente se ha despertado ya, pero todavía tiene que levantarse más de la cama. Pienso en esa idea de que es discutible que los BRICS sigan siendo un bloque en la era Trump 2.0.

La UE está llevando a cabo iniciativas, como el *Global Gateway*, frente a China; u otras como intentar impulsar el acuerdo con Mercosur, frente a Brasil; iniciativas como, por ejemplo con India, a través de viajes, visitas, delegaciones, etc. para intentar profundizar en la relación. Con China, hay una relación que se quiere mantener, aunque teniendo mucho cuidado.

Creo que se están haciendo esfuerzos, pero tengo dudas respecto a la palabra contrarrestar. Es decir, yo no creo que la UE pretenda contrarrestar el peso económico y geopolítico de un bloque, yo creo que más bien el verbo habría que cambiarlo. Creo que, más bien, la UE está intentando ver cómo relacionarse con ese bloque: dónde poder colaborar, con India, o con Brasil; dónde tener cuidado pero mantener la relación, como con China; o dónde claramente limitar el marco de relaciones, con sanciones contra Rusia, una autocracia que ha desatado una grave agresión sobre Ucrania.

Sería un enfoque individualizado con cada país, en vez de uno único hacia el bloque. Yo veo que con Trump 2.0., cada vez más estamos adoptando un enfoque caso por caso. Porque también ellos son un grupo que no acaba de estar cohesionado. Es bueno que la UE no los trate como un bloque, sino de forma particularizada, explorando en cada uno de los casos dónde se puede llevar la relación.

3. A la vista de las últimas declaraciones de Donald Trump y los movimientos de su administración, de 'desacoplamiento' con Europa y sus exigencias de mayor gasto en materia militar, por ejemplo, ¿cree que la UE debería acercarse a China como socio?

Hay que recordar los antecedentes de los últimos seis-siete años: La Comunicación del 2019, donde la Comisión decía que China era socio-aliado-rival. Es decir, socio comercial para algunos temas; aliado para ciertos temas de la gobernanza global, como por ejemplo el cambio climático; y rival sistémico en ciertas cuestiones, sobre todo económicas. Lo que pasó después es que, progresivamente y cada vez más, la palabra rival fue poniéndose en negrita y fue la dimensión creciente: más preocupación respecto al coche eléctrico, o a prácticas de *dumping*. Y empezaron a entrar todas las cuestiones de *de-risking*, *de-coupling*, *nearshoring*, etc., para protegernos de una China que cada vez vemos más como rival.

Llega Trump 2.0., y entonces a ese enfoque, en el que teníamos la palabra rival subrayada, se le está intentando dar una vuelta. Yo creo que el enfoque actual es adecuado, porque es un enfoque que intenta ser equilibrado. Es decir, tener en cuenta por un lado que China no es una democracia, ya que no compartimos valores con ellos, o que tienen prácticas comerciales muy agresivas que pueden ser peligrosas para nuestras economías. Pero por otro lado, en un contexto Trump 2.0., también es cierto que no hay que renunciar a las relaciones con China, y que puede haber ciertos ámbitos en los que haya colaboración.

Es decir, yo creo que el enfoque actual que se está teniendo – equilibrado y prudente – es el adecuado. Dicho lo cual, la palabra socio creo que no se está utilizando actualmente, y ya se ha superado un poco. Más bien, de las tres –socio, aliado, rival–, se está utilizando rival, pero es un rival con el que te tienes que seguir relacionando.

4. En el contexto de la Iniciativa *Global Gateway*, presentada como alternativa a la Franja y la Ruta china, ¿considera que la UE tiene la capacidad de competir eficazmente con los proyectos de infraestructura chinos en el Sur Global?

Creo que la UE tal como es, y tal como es nuestra visión, es muy difícil que compita con los proyectos de infraestructura chinos, porque la UE no es solamente un proyecto geopolítico de control, sino que su acción exterior está inspirada por los valores del Artículo 2 del Tratado, de exportar los derechos humanos, la democracia, y el respeto de los valores fundamentales del Artículo 2 y de la Declaración Universal de los Derechos Humanos y la Carta Europea de Derechos Fundamentales. Sin embargo, China tiene una política muy agresiva. A China le da igual la situación democrática o las condiciones de, por ejemplo, corrupción o licitaciones. Mientras que a la UE no le da igual. De hecho son cuestiones importantes: licitaciones, corrupción, situación del país, estándares de derechos humanos, etc., y luego China tiene una política muy agresiva porque está vinculada a una actitud de control político. En nuestro caso, esa no es nuestra agenda.

Entonces, tendríamos la capacidad de competir eficazmente si renegáramos de nuestros valores, y de los principios de nuestra acción exterior, lo cual es muy difícil. Creo que es bueno que haya herramientas como el *Global Gateway*, que el Banco Europeo de Inversiones (BEI) aumente su financiación, o que haya más coordinación con la iniciativa privada, pero hay que asumir que nunca seremos China y que nunca seguiremos su enfoque exacto de dinero barato y baja calidad en las infraestructuras, que es una cuestión que muchas veces no se permite en las licitaciones europeas, y una agenda oculta de control político. Nosotros no somos eso y no creo que lo debamos ser.

5. Si la UE busca mantener su influencia global, ¿qué tipo de alianzas o estrategias debería fortalecer para equilibrar el poder frente a China y los BRICS?

Hay varios planes. Depende un poco del foro. Por ejemplo, en Naciones Unidas debería haber una clara apuesta por el multilateralismo, y ver quiénes todavía siguen en ese grupo. En cuanto a la OMC, a lo mejor vamos a un mundo de seguir en una 'OMC-1', donde EE.UU. se retira.

Yo creo que ahí claramente emergen, y se ve, por ejemplo, en la Carta de Misión del Comisario de Comercio y Seguridad Económica, Maros Sefcovic, donde aparece específicamente la idea de reforzar alianzas, y ahí aparecen claramente América Latina y el Indo-Pacífico. Son un poco las dos regiones de las que se está hablando permanentemente. Teniendo en mente la idea de explorar las alianzas o las estrategias con las dos regiones, se entiende mejor lo que están ocurriendo. Por ejemplo, el intento de recuperar el acuerdo con Mercosur; actualizar el acuerdo con México; visitas a la India; iniciativas concretas con distintos países del Indo-Pacífico, etc. Es un enfoque muy vinculado a pensar quiénes pueden ser aliados en este actual contexto. Qué países siguen asumiendo un sistema multilateral basado en reglas, siguen siendo democracias, siguen teniendo interés en explorar la relación.

Entonces, de esas dos regiones, obviamente como español, hay que tener conciencia de que hay un gran momento para recuperar o para impulsar la relación con América Latina. Y en cuestiones prácticas, es un enfoque distinto, ya no es uno de cooperación al desarrollo, no es paternalista, no es un enfoque, si se quiere, de política exterior, sino que es un enfoque más de comercio, de geoeconomía, de geopolítica.

Yo creo que para nosotros, de todo lo que se está poniendo sobre la mesa (India, Indo-Pacífico, América Latina, etc.), en España tenemos que ser conscientes de que hay una ventana de oportunidad para impulsar la relación con América Latina, y ahí tenemos que empujar. Pero es una alianza o estrategia diferente, ya no son los años 80, los años 90, no se trata de un enfoque de cooperación al desarrollo, sino de igual a igual, de *partners* geoeconómicos y geopolíticos.

Entrevista número 3: **José Manuel Revuelta Lapique** (11/04/2025)

1. ¿Cómo percibe la evolución de los BRICS en su papel como un bloque económico y geopolítico en la reconfiguración del orden mundial? ¿Qué factores considera que han sido clave en su surgimiento y consolidación?

En las relaciones internacionales tenemos, por un lado a EE.UU., por otro lado la UE, y luego tenemos un conjunto de países que, por decirlo de alguna forma, no participaron en el orden que se creó al final de la Segunda Guerra Mundial, de una forma como de economías de mercado – democracias occidentales; y que es un grupo de países capitaneado sobre todo por China y por Rusia, un poco para tener un papel en las relaciones internacionales (ser como un tercer actor). Entonces, cuando se incluyó el tema de los BRICS, se le incorporó, por añadir unos continentes, Brasil, la India – que por población es superior a China –, pero no tiene el nivel tecnológico de China; y Sudáfrica. Y ya hace un par de años se pueden incorporar otros países.

Pero claramente es como un tercer bloque que engloba más temas de relaciones comerciales internacionales, o temas financieros internacionales. Para explorar una alternativa a lo que puede representar las relaciones que siempre han existido y que seguirán existiendo entre EE.UU. y la UE. Por tanto, ese es el motivo de su creación y su consolidación. Creo que es un grupo muy importante que va a jugar un papel muy importante, pero hay cosas que no comparto.

2. ¿Cómo cree que la influencia de los BRICS está desafiando los modelos económicos tradicionales dominados por Occidente, en particular en términos de la desdolarización y la creación de una posible divisa común?

Estamos en un contexto de economías de mercado. Una cosa son economías de mercado, por decirlo de alguna forma, del Estado; y otra son economías de mercado libre. Pero son economías de mercado, y lo único diferencial es la dimensión política. Incluso diría que tanto en Rusia como en China, aunque parezca mentira, el mercado funciona. Otra cosa es que esté muy condicionado por las decisiones políticas.

El dólar sigue jugando un papel fundamental tanto en el comercio internacional como en las finanzas porque es la principal divisa. Tiene todavía una cuota de más del 50%, pero sí que es cierto que va a perder algo de peso. Los contratos del petróleo, se están pagando cada vez más bilateralmente, y solo al final del año las diferencias se pagan en oro, que se puede vender. No se va a necesitar el dólar para comprar. Eso va a hacer que disminuya la demanda de dólares, repercutiendo sobre la cotización del dólar.

Sobre la desdolarización, lo que no creo es que se vaya a crear una divisa común. Crear una moneda quiere decir crear una política monetaria común, y no veo ni a los chinos ni a los rusos dejar que sus decisiones de política monetaria estén condicionadas por otros países. Lo que sí que es cierto es que podrá haber operaciones que se hagan en derechos especiales de giro, o en criptomonedas. Y al final las diferencias de saldos se pagan en oro, que es fácilmente convertible en cualquier divisa. Eso es la desdolarización. No creo en la creación de una divisa común, porque es muy complicado.

Tampoco creo en que se pase a usar el renminbi. Por ejemplo, en Arabia Saudí dependen un poco de la cotización del renminbi, pero el renminbi no es libremente convertible. Ese es uno de los problemas de estas monedas. No controlas el tipo de cambio, porque es el Gobierno el que de algún modo hace fluctuar su moneda en función de sus intereses, y participa muy activamente en el mercado de divisas. Por eso no creo que Brasil o Arabia Saudí estén en operaciones de renminbi. Otra cosa es que se hagan apuntes contables, donde se puede utilizar cualquier moneda, pero siempre a un tipo de renminbi que lo fijes previamente.

3. ¿Cómo valora la situación de Occidente en el nuevo contexto geopolítico mundial, especialmente teniendo en cuenta la vuelta de Trump y sus agresivas políticas, por ejemplo, en el tema de los aranceles?

En cuanto a Occidente, hay que distinguir entre lo que podríamos llamar Estados Unidos, y Unión Europea. Comparten toda una serie de valores, tanto políticos, como humanos, o de otro tipo. Y es cierto que otros no.

Se está produciendo un reajuste, pero no veo que de alguna forma la UE se desacople de Estados Unidos. Lo que sí que es cierto es que la UE tiene que ir a acuerdos comerciales y de inversiones con todos los países. Cada vez tiene más países la UE, con Mercosur, la India, y con China. Una de las mayores dificultades de un acuerdo comercial y de inversiones con China, el cual lleva la UE negociando más de 20 años, son las trabas que pone el Gobierno chino, en cuanto a la liberalización de los movimientos de capital.

Una cosa ampliar las relaciones comerciales y financieras con los demás países del mundo, y otra es desacoplarse de Estados Unidos. No creo que eso ocurra, porque son muchas más las cosas que nos unen que las que nos desunen. Y después de Trump vendrá otro presidente. Incluso Trump necesita aliados.

La respuesta gira más en torno a incrementar las relaciones comerciales con China, en unas condiciones favorables para la UE, independientemente de Estados Unidos. Es decir, no porque me desacople o pierda mis relaciones con EE.UU., las incremento con China. Al contrario, las incremento con China porque vivimos en un mundo globalizado. Las tarifas arancelarias repercuten en todo el mundo. Las cadenas de valor añadido son mundiales. Las grandes empresas norteamericanas producen en todo el mundo. Pero eso es una cosa y otra distinta es el acercamiento a ampliar las relaciones con China, en el cual la UE lleva desde siempre.

En respuesta a la creación del mercado único a finales de los 80, que es cuánto mas se consolidó la UE, la llamada "fortaleza europea", fue el momento en el que los propios EE.UU. se pusieron a hacer acuerdos comerciales bilaterales con otras partes del mundo, primero con México y luego con Canadá.

Vivimos en un mundo de regiones económicas, donde las relaciones son necesarias en términos multilaterales y bilaterales con dichas regiones.

4. Siguiendo el hilo de la anterior pregunta, ¿deben potencias occidentales como la UE, Reino Unido o Japón acercarse a China y los BRICS, en términos de asociaciones comerciales y económicas, en vistas de un desacoplamiento estadounidense?

Totalmente. La UE lleva años. No es algo novedoso a causa de Trump. La UE con Mercosur ha tardado 20 años. Con México se ha renovado. Con Canadá hay un acuerdo, con Japón, etc. Es decir, la globalización ha hecho que el multilateralismo deba ir acompañado del bilateralismo con grupos regionales de países.

Trump lo ha acelerado. Y a Trump le tenemos que dar las gracias, porque creo que lo más positivo ha sido una reacción dentro de la UE. Es decir, tenemos que cambiar nuestras políticas internas, tanto de defensa como de otra serie de aspectos. EE.UU. está cansado de ayudar siempre a Europa y a financiar sus problemas Hay más de 100.000 soldados americanos todavía en Alemania, y ellos consideran que la guerra de Ucrania es una guerra europea, y que la tienen que resolver los europeos, y están cansados.

Trump lo que sí que hace es dar una llamada de atención, en el sentido de tener que incrementar las relaciones entre nosotros para tener una voz. Hay que agradecerle a Trump el que haya sido de algún modo un golpe de atención a la UE.

Hay demasiada regulación. Se habla de barreras dentro del mercado único. Los productos americanos tienen muchas barreras para entrar en Europa. La UE tiene que liberalizar sus procesos de regulación.

5. En su opinión, ¿qué impacto tienen los BRICS sobre los principales organismos internacionales como el FMI, el Banco Mundial o la OMC, y cómo podrían cambiar las dinámicas de estos organismos en el futuro?

Los BRICS serán un grupo de presión en el FMI, en la OMC, etc. Quien está más enfadado con la OMC es EE.UU., pero no solo ellos. China entra en la OMC en el año 2001 como país en desarrollo, y todavía tiene ese estatus.

Habrá que tener en cuenta a los BRICS, ya que tanto en temas de PIB o de comercio exterior tienen unos porcentajes significativos.

No creo tanto en cambiar las organizaciones y las reglas que regulan las organizaciones. Su presencia en las mismas sí, y ya han empezado. China no participó en la gestación ni del FMI ni del Banco Mundial, ni ha sido miembro desde la OMC desde su comienzo. Sí que va a tener una mayor influencia. En la cuota del FMI a China se le ha ido incrementando su porcentaje, y se le tendrá que seguir incrementando. En algún momento habrá un Director Gerente que sea chino, y no un europeo como hasta ahora, o en el Banco Mundial un americano. Pero vivimos todavía en el orden de la posguerra de la Segunda Guerra Mundial, de vencedores y perdedores. China se incorpora a Naciones Unidas como China-Pekín en 1971. De 1949-1971 eran los de Taipei los que ocupaban el puesto.

Sin duda afectará a los organismos, pero no cambiará la dinámica. Será una negociación. Las reglas han cambiado relativamente poco, y se deben adecuar a la nueva realidad. Ahora, indudablemente, hay que negociar con China y con los BRICS como conjunto. Lo que les une es esto, porque luego hay muchas diferencias. No tiene nada que ver la economía de Brasil con la de la India, que es otro continente.

Entrevista número 4: **Ramón Gascón y Alonso** (14/04/2025)

1. ¿Cómo considera que la creciente influencia de China dentro de los BRICS está impactando el equilibrio de poder global y contribuyendo a su objetivo de convertirse en la mayor potencia mundial?

Los norteamericanos no tienen tasa de sustitución para los productos que están comprando a China, y a los chinos les interesa seguir teniendo a EE.UU. como mercado, ya que tampoco tienen mercados alternativos.

Básicamente creo que hay un elemento diferenciador, que es el lanzamiento por Xi Jinping del famoso proyecto de la Franja y la Ruta, de 2013. Es un proyecto que tiene años, pero básicamente lo que intentó hacer China, que ya se estaba convirtiendo en aquel momento en un productor mundial y que estaba desarrollándose tecnológicamente, es: empezar a controlar las cadenas de suministro, las rutas de comercio, el intentar llegar a relaciones con países de los BRICS y de los no-BRICS para ganar influencia, etc., porque es consciente de que se va a convertir en el imperio sustitutivo.

No creo que China tenga intención de convertirse en un imperio mundial haciendo de policía del mundo como Estados Unidos. A ellos lo que les interesa, que es lo que siempre les ha interesado, es constituirse en una gran potencia económica, y de hecho lo están consiguiendo. Veremos qué pasa, porque China empieza a tener problemas de sobrecapacidad, y eso le puede generar distorsiones en su propio modelo productivo. Evidentemente, los americanos los tienen identificados como gran enemigo.

2. En su experiencia en Asia, ¿cómo ve la relación estratégica entre China y los otros países del BRICS en términos de cooperación económica y geopolítica?

India tiene totalmente vetada la presencia de empresas chinas. India es plenamente consciente de que China es un gran competidor, y además un competidor que no compite nunca en un *fair play*. Cuando ven que tienen una ventaja competitiva, atacan esa industria, la riegan de dinero público, y hacen que sea competitiva aún cuando no lo debería ser. A pesar de que en China existe "sector privado", está compuesto por empresarios afines al Partido Comunista. Todo es público, todo está controlado por el Partido Comunista.

En la región, China es percibida como una amenaza. China juega siempre en un plano dual. Son tu principal rival, pero a la vez son tu mayor socio. Es muy difícil salir de esa encrucijada. Al final, comercias mucho con ellos, haces muchas cosas con ellos, pero a la vez son tu mayor rival, y a veces tu industria, o cierta parte de tu industria, hace que los productos chinos sean muy competitivos.

Yo creo que en Europa el tema de los aranceles a los coches eléctricos, el no imponer multas al sector por emisión de carbonos, etc., es pegarnos tiros en el pie, y nos estamos pegando constantemente tiros en el pie. Yo creo que vamos a volver a un cierto proteccionismo, o a una revisión de cuáles son las reglas generales bajo las que operamos, para que China no nos acabe superando. Y creo además que la guerra con Trump lo ha acentuado.

La guerra de Trump con todo el mundo no veo que tenga mucho sentido, porque el enemigo siempre ha sido China, y hoy en día el PIB de EE.UU. ha seguido aumentando a pesar de tener déficits comerciales. Al final, EE.UU. consume mucho más de lo que produce. Es inevitable, siempre va a tener cierto déficit. Y China es un sitio muy interesante en el que comprar. Suele ser una relación extraña. Si te vas a ciertos países africanos, donde los chinos tienen buena presencia, al final no generan mucha simpatía, no generan valor añadido. Ellos van a su negocio y ni siquiera provocan una generación de riqueza del país. Con lo cual yo creo que esas políticas suyas de ganar cierta influencia en otros países son complicadas.

En el caso de Rusia, realmente está en manos de China porque es el único aliado que le queda tras la guerra de Ucrania, porque el resto de Occidente se le ha puesto en contra. Si no se hubiese producido la guerra de Ucrania, los rusos seguirían comerciando con nosotros y vendiéndonos su gas y su petróleo. Rusia tiene la necesidad de que China le siga suministrando insumos que necesita para mantener su economía en marcha.

3. ¿Qué papel juega la Iniciativa de la Franja y la Ruta (BRI) en la expansión de la influencia de China dentro de los BRICS, y cómo esto afecta el nuevo orden mundial?

Básicamente, esa iniciativa consiste en que, ya que China se ha convertido en el gran productor mundial, necesita controlar no solo la fábrica, sino también las carreteras, y los canales por los que comercia. Una de las reivindicaciones que tiene la Administración Trump son los derechos de preferencia sobre el Canal de Panamá, de compañías chinas o de buques chinos. Entonces, no deja de ser una herramienta más para tener muy controlada su propia economía.

No es tanto ganar influencia geopolítica, sino una herramienta de control de un modelo que es: produzco y vendo a todo el mundo. Se utiliza como un arma.

4. ¿Cómo cree que la expansión de China dentro de los BRICS desafía la influencia de las potencias occidentales, como Estados Unidos y la Unión Europea, en la geopolítica global?

Si nos fijamos en las balanzas comerciales, China es ya el primer socio comercial de la UE. Pero nosotros igualmente le vendemos muchas cosas a China. Tenemos que jugar un poco a ver cómo rebalancear ese equilibrio entre rivalidad y sociedad. China, geopolíticamente, no es un enemigo nuestro. Lo que creo que tiene que hacer China es abrir más su mercado, porque no lo tiene abierto. Tiene abiertos ciertos sectores, pero en otros operan básicamente operadores chinos, grandes conglomerados chinos, con los cuales nos cuesta mucho a los europeos y a los occidentales mucho competir. Y eso es lo que ha desencadenado ese malestar arancelario con los chinos.

Prácticamente lo único que se vende en Europa y en España son coches eléctricos chinos, porque al final tienen la tecnología. Al final los mercados se acaban acoplando. Debemos de navegar en esa dualidad de que China es a la vez un gran socio comercial y un rival económico.

4. Desde su perspectiva en mercados internacionales, ¿cómo ve la evolución de la relación de China con otras economías emergentes dentro de los BRICS y su impacto en el sistema económico global?

Al final es la manera de ganar influencia geopolítica en la que creo que se está produciendo un realineamiento: Occidente, que es EE.UU., Canadá y la UE, frente a China en los últimos años. Y eso se está ahora realineando de alguna manera. Hay que ver qué dice Rusia, porque yo creía que Trump iba a acabar con la guerra en Ucrania, pero parece que maneja muy mal las conversaciones de paz, y yo creo que eso es algo importante. Es decir, nosotros como occidentales no podemos dejar de tener influencia sobre los BRICS y los BRICS Plus, porque si no, toda la que perdamos nosotros la va a tomar China, seguro.

Números Publicados
Serie Unión Europea y Relaciones Internacionales

Nº 1/2000
«La política monetaria única de la Unión Europea»
Rafael Pampillón Olmedo

Nº 2/2000
«Nacionalismo e integración»
Leonardo Caruana de las Cagigas y Eduardo González Calleja

Nº 1/2001
«Standard and Harmonize: Tax Arbitrage»
Nohemi Boal Velasco y Mariano González Sánchez

Nº 2/2001
«Alemania y la ampliación al este: convergencias y divergencias»
José María Beneyto Pérez

Nº 3/2001
«Towards a common European diplomacy? Analysis of the European Parliament resolution
on establishing a common diplomacy (A5-0210/2000)»
Belén Becerril Atienza y Gerardo Galeote Quecedo

Nº 4/2001
«La Política de Inmigración en la Unión Europea»
Patricia Argerey Vilar

Nº 1/2002
«ALCA: Adiós al modelo de integración europea?»
Mario Jaramillo Contreras

Nº 2/2002
«La crisis de Oriente Medio: Palestina»
Leonardo Caruana de las Cagigas

Nº 3/2002
«El establecimiento de una delimitación más precisa de las competencias entre la Unión Europea
y los Estados miembros»
José María Beneyto y Claus Giering

Nº 4/2002
«La sociedad anónima europea»
Manuel García Riestra

Nº 5/2002
«Jerarquía y tipología normativa, procesos legislativos y separación de poderes en la Unión Europea: hacia un modelo más
claro y transparente»
Alberto Gil Ibáñez

Nº 6/2002
«Análisis de situación y opciones respecto a la posición de las Regiones en el ámbito de la UE. Especial atención al Comité de
las Regiones»
Alberto Gil Ibáñez

Nº 7/2002
«Die Festlegung einer genaueren Abgrenzung der Kompetenzen zwischen der Europäischen Union und den Mitgliedstaaten»
José María Beneyto y Claus Giering

Nº 1/2003
«Un español en Europa. Una aproximación a Juan Luis Vives»
José Peña González

Nº 2/2003
«El mercado del arte y los obstáculos fiscales ¿Una asignatura pendiente en la Unión Europea?»
Pablo Siegrist Ridruejo

Nº 1/2004
«Evolución en el ámbito del pensamiento de las relaciones España-Europa»
José Peña González

Nº 2/2004
«La sociedad europea: un régimen fragmentario con intención armonizadora»
Alfonso Martínez Echevarría y García de Dueñas

Nº 3/2004
«Tres operaciones PESD: Bosnia y Herzegovina, Macedonia y República Democrática de Congo»
Berta Carrión Ramírez

Nº 4/2004
«Turquía: El largo camino hacia Europa»
Delia Contreras

Nº 5/2004 «En el horizonte de la tutela judicial efectiva, el TJCE supera la interpretación restrictiva de la legitimación activa mediante el uso de la cuestión prejudicial y la excepción de ilegalidad»
Alfonso Rincón García Loygorri

Nº 1/2005 «The Biret cases: what effects do WTO dispute settlement rulings have in EU law?»
Adrian Emch

Nº 2/2005 «Las ofertas públicas de adquisición de títulos desde la perspectiva comunitaria en el marco de la creación de un espacio financiero integrado»
José María Beneyto y José Puente

Nº 3/2005 «Las regiones ultraperiféricas de la UE: evolución de las mismas como consecuencia de las políticas específicas aplicadas. Canarias como ejemplo»
Carlota González Láynez

Nº 24/2006 «El Imperio Otomano: ¿por tercera vez a las puertas de Viena?»
Alejandra Arana

Nº 25/2006 «Bioterrorismo: la amenaza latente»
Ignacio Ibáñez Ferrándiz

Nº 26/2006 «Inmigración y redefinición de la identidad europea»
Diego Acosta Arcarazo

Nº 27/2007 «Procesos de integración en Sudamérica. Un proyecto más ambicioso: la comunidad sudamericana de naciones»
Raquel Turienzo Carracedo

Nº 28/2007 «El poder del derecho en el orden internacional. Estudio crítico de la aplicación de la norma democrática por el Consejo de Seguridad y la Unión Europea»
Gaspar Atienza Becerril

Nº 29/2008 «Iraqi Kurdistan: Past, Present and Future. A look at the history, the contemporary situation and the future for the Kurdish parts of Iraq»
Egil Thorsås

Nº 30/2008 «Los desafíos de la creciente presencia de China en el continente africano»
Marisa Caroço Amaro

Nº 31/2009 «La cooperación al desarrollo: un traje a medida para cada contexto. Las prioridades para la promoción de la buena gobernanza en terceros países: la Unión Europea, los Estados Unidos y la Organización de las Naciones Unidas»
Anne Van Nistelroo

Nº 32/2009 «Desafíos y oportunidades en las relaciones entre la Unión Europea y Turquía»
Manuela Gambino

Nº 33/2010 «Las relaciones trasatlánticas tras la crisis financiera internacional: oportunidades para la Presidencia Española»
Román Escolano

Nº 34/2010 «Los derechos fundamentales en los tratados europeos. Evolución y situación actual»
Silvia Ortiz Herrera

Nº 35/2010 «La Unión Europea ante los retos de la democratización en Cuba»
Delia Contreras

Nº 36/2010 «La asociación estratégica UE-Brasil. Retórica y pragmatismo en las relaciones Euro-Brasileñas(Vol 1 y 2)»
Ana Isabel Rodríguez Iglesias

Nº 37/2011 «China's foreign policy: A European Perspective»
Fernando Delage y Gracia Abad

Nº 38/2011 «China's Priorities and Strategy in China-EU Relations»
Chen Zhimin, Dai Bingran, Zhongqi Pan and Ding Chun

Nº 39/2011 «Motor or Brake for European Policies? Germany's new role in the EU after the Lisbon-Judgment of its Federal Constitutional Court»
Ingolf Pernice

Nº 40/2011 «Back to Square One: the Past, Present and Future of the Simmenthal Mandate»
Siniša Rodin

Nº 41/2011 «Lisbon before the Courts: Comparative Perspectives»
Mattias Wendel

Nº 42/2011 «The Spanish Constitutional Court, European Law and the constitutional traditions common to the member states (Art. 6.3 TUE). Lisbon and beyond»
Antonio López-Pina

Nº 43/2011 «Women in the Islamic Republic of Iran: The Paradox of less Rights and more Opportunities»
Désirée Emilie Simonetti

Nº 44/2011 «China and the Global Political Economy»
Weiping Huang & Xinning Song

Nº 45/2011 «Multilateralism and Soft Diplomacy»
Juliet Lodge and Angela Carpenter

Nº 46/2011 «FDI and Business Networks: The EU-China Foreign Direct Investment Relationship»
Jeremy Clegg and Hinrich Voss

Nº 47/2011 «China within the emerging Asian multilateralism and regionalism. As perceived through a comparison with the European Neighborhood Policy»
Maria-Eugenia Bardaro & Frederik Ponjaert

Nº 48/2011 «Multilateralism and global governance»
Mario Telò

Nº 49/2011 «EU-China: Bilateral Trade Relations and Business Cooperation»
Enrique Fanjul

Nº 50/2011 «Political Dialogue in EU-China Relations»
José María Beneyto, Alicia Sorroza, Inmaculada Hurtado y Justo Corti

Nº 51/2011 «La Política Energética Exterior de la Unión Europea. Entre dependencia, seguridad de abastecimiento, mercado y geopolítica»
Marco Villa

Nº 52/2011 «Los Inicios del Servicio Europeo de Acción Exterior»
Macarena Esteban Guadalix

Nº 53/2011 «Holding Europe's CFSP/CSDP Executive to Account in the Age of the Lisbon Treaty»
Daniel Thym

Nº 54/2011 «El conflicto en el Ártico: ¿hacia un tratado internacional?»
Alberto Trillo Barca

Nº 55/2012 «Turkey's Accession to the European Union: Going Nowhere»
William Chislett

Nº 56/2012 «Las relaciones entre la Unión Europea y la Federación Rusa en materia de seguridad y defensa. Reflexiones al calor del nuevo concepto estratégico de la Alianza Atlántica»
Jesús Elguea Palacios

Nº 57/2012 «The Multiannual Financial Framework 2014-2020: A Preliminary analysis of the Spanish position»
Mario Kölling y Cristina Serrano Leal

Nº 58/2012 «Preserving Sovereignty, Delaying the Supranational Constitutional Moment? The CJEU as the Anti-Model for regional judiciaries»
Allan F. Tatham

Nº 59/2012 «La participación de las Comunidades Autónomas en el diseño y la negociación de la Política de Cohesión para el periodo 2014-2020»
Mario Kölling y Cristina Serrano Leal

Nº 60/2012 «El planteamiento de las asociaciones estratégicas: la respuesta europea ante los desafíos que presenta el Nuevo Orden Mundial»
Javier García Toni

Nº 61/2012 «La dimensión global del Constitucionalismo Multinivel. Una respuesta legal a los desafíos de la globalización»
Ingolf Pernice

Nº 62/2012 «EU External Relations: the Governance Mode of Foreign Policy»
Gráinne de Búrca

Nº 63/2012 «La propiedad intelectual en China: cambios y adaptaciones a los cánones internacionales»
Paula Tallón Queija

Nº 64/2012   «Contribuciones del presupuesto comunitario a la gobernanza global: claves desde Europa»
Cristina Serrano Leal

Nº 65/2013   «Las Relaciones Germano-Estadounidenses entre 1933 y 1945»
Pablo Guerrero García

Nº 66/2013   «El futuro de la agricultura europea ante los nuevos desafíos mundiales»
Marta Llorca Gomis, Raquel Antón Martín, Carmen Durán Vizán, Jaime del Olmo Morillo-Velarde

Nº 67/2013   «¿Cómo será la guerra en el futuro? La perspectiva norteamericana»
Salvador Sánchez Tapia

Nº 68/2013   «Políticas y Estrategias de Comunicación de la Comisión Europea: Actores y procesos desde que se aprueban hasta que la información llega a la ciudadanía española»
Marta Hernández Ruiz

Nº 69/2013   «El reglamento europeo de sucesiones. Tribunales competentes y ley aplicable.
Excepciones al principio general de unidad de ley»
Silvia Ortiz Herrera

Nº 70/2013   «Private Sector Protagonism in U.S. Humanitarian Aid»
Sarah Elizabeth Capers

Nº 71/2014   «Integration of Turkish Minorities in Germany»
Iraia Eizmendi Alonso

Nº 72/2014   «La imagen de España en el exterior: La Marca España»
Marta Sabater Ramis

Nº 73/2014   «Aportaciones del Mercado Interior y la política de competencia europea:
lecciones a considerar por otras áreas de integración regional»
Jerónimo Maillo

Nº 74/2015   «Las relaciones de la UE con sus socios meridionales a la luz de la Primavera Árabe»
Paloma Luengos Fernández

Nº 75/2015   «De Viena a Sarajevo: un estudio del equilibrio de poder en Europa entre 1815 y 1914»
Álvaro Silva Soto

Nº 76/2015   «El avance de la ultraderecha en la Unión Europea como consecuencia de la crisis:
Una perspectiva del contexto político de Grecia y Francia según la teoría del «chivo expiatorio»»
Eduardo Torrecilla Giménez

Nº 77/2016   «La influencia de los factores culturales en la internacionalización de la empresa: El caso de España y Alemania»
Blanca Sánchez Goyenechea

Nº 78/2016   «La Cooperación Estructurada Permanente como instrumento para una defensa común»
Elena Martínez Padilla

Nº 79/2017   «The European refugee crisis and the EU-Turkey deal on migrants and refugees»
Guido Savasta

Nº 80/2017   «Brexit:How did the UK get here?»
Izabela Daleszak

Nº 81/2017   «Las ONGD españolas: necesidad de adaptación al nuevo contexto para sobrevivir»
Carmen Moreno Quintero

Nº 82/2017   «Los nuevos instrumentos y los objetivos de política económica en la UE:
efectos de la crisis sobre las desigualdades»
Miguel Moltó

Nº 83/2017   «Peace and Reconciliation Processes: The Northern Irish case and its lessons»
Carlos Johnston Sánchez

Nº 84/2018   «Cuba en el mundo: el papel de Estados Unidos, la Unión Europea y España»
Paula Foces Rubio

Nº 85/2018   «Environmental Protection Efforts and the Threat of Climate Change in the Arctic: Examined Through International Perspectives Including the European Union and the United States of America»
Kristina Morris

Nº 86/2018   «La Unión Europea pide la palabra en la (nueva) escena internacional»
José Martín y Pérez de Nanclares

Nº 87/2019   «El impacto de la integración regional africana dentro del marco de asociación UE-ACP
y su implicación en las relaciones post Cotonú 2020»
Sandra Moreno Ayala

Nº 88/2019 «Lucha contra el narcotráfico: un análisis comparativo del Plan Colombia y la Iniciativa Mérida»
Blanca Paniego Gámez

Nº 89/2019 «Desinformación en la UE: ¿amenaza híbrida o fenómeno comunicativo?
Evolución de la estrategia de la UE desde 2015»
Elena Terán González

Nº 90/2019 «La influencia del caso Puigdemont en la cooperación judicial penal europea»
Pablo Rivera Rodríguez

Nº 91/2020 «Trumping Climate Change: National and International Commitments
to Climate Change in the Trump Era»
Olivia Scotti

Nº 92/2020 «El impacto social de la innovación tecnológica en Europa»
Ricardo Palomo-Zurdo, Virginia Rey-Paredes, Milagros Gutiérrez-Fernández, Yakira Fernández-Torres

Nº 93/2020 «El Reglamento sobre la privacidad y las comunicaciones electrónicas,
la asignatura pendiente del Mercado Único Digital»
Ana Gascón Marcén

Nº 94/2020 «Referencias al tratamiento constitucional de la Unión Europea en algunos Estados Miembros»
Rafael Ripoll Navarro

Nº 95/2020 «La identidad europea, ¿en crisis? Reflexiones entorno a los valores comunes en un entorno de cambio»
Irene Correas Sosa

Nº 96/2020 «La configuración de un sistema de partidos propiamente europeo»
Luis Rodrigo de Castro

Nº 97/2020 «El Banco Asiático de Inversión en Infraestructura. La participación de Europa y de España»
Amadeo Jensana Tanehashi

Nº 98/2020 «Nuevas perspectivas en las relaciones entre la Unión Europea y China»
Georgina Higueras

Nº 99/2020 «Inversiones Unión Europea-China: ¿hacia una nueva era?»
Jerónimo Maillo y Javier Porras

Nº 100/2020 «40 años de reforma: el papel de China en la comunidad internacional»
Enrique Fanjul

Nº 101/2020 «A climate for change in the European Union. The current crisis implications
for EU climate and energy policies»
Corina Popa

Nº 102/2020 «Aciertos y desafíos de la cooperación Sur-Sur. Estudio del caso de Cuba y Haití»
María Fernández Sánchez

Nº 103/2020 «El Derecho Internacional Humanitario después de la II Guerra Mundial»
Gonzalo del Cura Jiménez

Nº 104/2020 «Reframing the Response to Climate Refugees»
Alexander Grey Crutchfield

Nº 105/2021 «The Biden Condition: interpreting Treaty-Interpretation»
Jose M. de Areilza

Nº 106/2021 «¿Hacia la Corte Multilateral de Inversiones? El acuerdo de inversiones EU-China
y sus consecuencias para el arbitraje»
José María Beneyto Pérez

Nº 107/2021 «El acuerdo de partenariado economico UE-Japon. Implicaciones para España»
Amadeo Jensana Tanehashi

Nº 108/2021 «El acuerdo con Reino Unido. Implicaciones para España»
Allan Francis Tatham

Nº 109/2021   «El «Comprehensive Economic and Trade Agreement» (CETA) con Canadá.
Implicaciones para España»
Cristina Serrano Leal

Nº 110/2021   «Acuerdos comerciales UE de «Nueva Generación»: origen, rasgos y valoración»
Jerónimo Maillo

Nº 111/2021   «Europa en el mundo»
Emilio Lamo de Espinosa

Nº 112/2021   «A geostrategic rivalry: the Sino-Indian border dispute»
Eva María Pérez Vidal

Nº 113/2021   «The EU-China Digital Agenda and Connectivity»
Meri Beridze

Nº 114/2021   «Las mujeres en los conflictos y postconflictos armados: la Resolución 1325 de la ONU y su vigencia hoy»
Guadalupe Cavero Martínez

Nº 115/2021   «Tesla: estrategias de internacionalización y acceso al mercado en Brasil»
Carmen Salvo González

Nº 116/2022   «Player or board game? In Search of Europe's Strategic Autonomy: The Need of a Common Digital Strategy of the European
Union towards the People's Republic of China»
Loreto Machés Blázquez

Nº 117/2022   «La posición de la Unión Europea en el conflicto del Sáhara Occidental
¿Terminan los principios donde empiezan los intereses?»
Elena Ruiz Giménez

Nº 118/2022   «La defensa de los valores de la Unión Europea:
La condicionalidad de los Fondos Europeos al estado de derecho»
Alicia Arjona Hernández

Nº 119/2022   «Medidas restrictivas en la Unión Europea: el nuevo régimen de sanciones contra
las violaciones y abusos graves de los derechos humanos en el contexto internacional»
Celia Fernández Castañeda

Nº 120/2022   «La relación hispano-británica en materia de seguridad y defensa después del Brexit»
Salvador Sánchez Tapia

Nº 121/2022   «Oportunidades para la cooperación bilateral en la cultura, la educación y la investigación:
Piedras angulares en las relaciones hispano-británicas después de Brexit»
Allan F. Tatham

Nº 122/2022   «*Building bridges*: cómo paliar los efectos del Brexit sobre los intercambios económicos
bilaterales de España con el Reino Unido»
Álvaro Anchuelo Crego

Nº 123/2022   «Mobility issues for UK and Spanish nationals post Brexit»
Catherine Barnard

Nº 124/2022   «Derechos humanos y debida diligencia en las cadenas globales de suministro»
Enrique Fanjul

Nº 125/2022   «Sostenibilidad y Derecho Internacional de las inversiones: claves prácticas para Estados
y empresas transnacionales»
Francisco Pascual-Vives y Alberto Jiménez-Piernas García

Nº 126/2022   «Derechos humanos y empresas, una agenda internacional en evolución»
Sandra Galimberti Díaz-Faes

Nº 127/2022   «El futuro de la Unión: una integración circunspecta»
Pablo García-Berdoy

Nº 128/2022   «El régimen internacional de no proliferación nuclear: ¿refundación o revisión crítica?»
Ignacio Cartagena Núñez

Nº 129/2022   «The Islamic State and Cultural Heritage: A two-track weaponization»
María Gómez Landaburu

Nº 130/2022   «La política de abastecimiento energético de la Unión Europea:
Dependencia y vulnerabilidad ante la invasión rusa a Ucrania»
Raúl Carrasco Contero

Nº 131/2022   «El idioma español: situación actual y mirada al futuro. Un cambio de modelo»
José Olábarri Azagra

Nº 132/2022   «Rule of law conditionality mechanism: analysis of actors' interests»
Carolina de Amuriza Chicharro

Nº 133/2022   «*Due diligence* y cambio climatico»
Lorena Sales Pallares y María Chiara Marullo

Nº 134/2023   «Debida diligencia corporativa en materia de derechos humanos y sostenibilidad:
¿riesgos u oportunidades?»
Francisco Pascual-Vives y Alberto Jiménez-Piernas García

Nº 135/2023   «Debida Diligencia en Derechos Humanos: en camino hacia la legalización»
Sandra Galimberti Díaz-Faes

Nº 136/2023   «Obligaciones de Debida Diligencia en cuestiones de sostenibilidad en el marco
de la Unión Europea: la perspectiva empresarial»
Enrique Fanjul

Nº 137/2023   «La Conferencia sobre el Futuro de Europa .Hacia una reforma de los Tratados?»
Inés Méndez de Vigo Pérez de Herrasti

Nº 138/2023   «The Assertiveness of the European Commission in the Enforcement of Fundamental Values:
The impact of the Russia-Ukraine War»
Andreína V. Hernández Ross

Nº 139/2023   «Transparencia y acceso a los documentos de las instituciones de la Union Europea durante Procedimiento Legislativo
Ordinario. Tratamiento por parte del Parlamento Europeo»
María García de Quevedo Ortiz

Nº 140/2023   «How China is Winning the "GO" Game in the Indian Ocean Region: An Analysis of Sri Lanka's
Policy Framing»
Carmen Rodríguez Escalada

Nº 141/2023   «La Orden Europea de Detención y Entrega como cristalización del progreso de la cooperación judicial penal en Europa: el
caso Puigdemont»
Ignacio Garcia Prieto

Nº 142/2024   «La cooperación tecnológica entre España y Corea del Sur»
Laia Anglada Porta

Nº 143/2024   «RT / Sputnik como herramientas de propagación de desinformación de la política exterior rusa»
Lorena Méndez Vázquez

Nº 144/2024   «Política de ampliación: la reunificación pacífica de Europa de los padres fundadores»
Francisco Aldecoa Luzárraga

Nº 145/2024   «Ampliación: un elemento geoestratégico en el contexto de la guerra de Ucrania»
Elisa Uría

Nº 146/2024   «Retos de la futura ampliación para el funcionamiento de la Unión Europea»
M. Mercedes Guinea Llorente

Nº 147/2025 «Democratization or Coexistence? Inside Africa's Last Colony»
Alejandro Trujillo Suárez

Nº 148/2025 «The political and international stakes of major sporting competitions – Is sport a source of diplomacy and how can it impact the relations between states?»
Adèle Namias

Nº 149/2025 «Evolución de la Política Exterior y de Seguridad Común de la Unión Europea. Estudio del cambio a mayoría cualificada en el sistema de votación»
Lorena Pérez Hernández

Nº 150/2025 «Efectividad de las recomendaciones del informe sobre el Estado de Derecho de la Comisión Europea. Comparación de casos: Bélgica y Bulgaria»
Gonzalo Vilariño Alaminos

Nº 151/2025 «La retórica de Ursula von der Leyen en tiempos de liderazgo femenino en la Unión Europea»
Natalia Sanz Fernández

Nº 152/2025 «Tendencias en la información sobre gestión de riesgos en derechos humanos en la empresa»

Nº 153/2025 «La Diligencia Debida en las cadenas de suministro desde una perspectiva internacional»
Marta Blanco Quesada

Nº 154/2025 «La Directiva sobre diligencia debida: retos e implicaciones en materia de derechos humanos y medio ambiente para la Unión Europea»
Francisco Pascual-Vives
Alberto Jiménez-Piernas García

Serie Política de la Competencia y Regulación

Nº 1/2001 «El control de concentraciones en España: un nuevo marco legislativo para las empresas»
José María Beneyto

Nº 2/2001 «Análisis de los efectos económicos y sobre la competencia de la concentración Endesa-Iberdrola»
Luis Atienza, Javier de Quinto y Richard Watt

Nº 3/2001 «Empresas en Participación concentrativas y artículo 81 del Tratado CE: Dos años de aplicación
del artículo 2(4) del Reglamento CE de control de las operaciones de concentración»
Jerónimo Maíllo González-Orús

Nº 1/2002 «Cinco años de aplicación de la Comunicación de 1996 relativa a la no imposición de multas
o a la reducción de su importe en los asuntos relacionados con los acuerdos entre empresas»
Miguel Ángel Peña Castellot

Nº 1/2002 «Leniency: la política de exoneración del pago de multas en derecho de la competencia»
Santiago Illundaín Fontoya

Nº 3/2002 «Dominancia vs. disminución sustancial de la competencia ¿cuál es el criterio más apropiado?: aspectos jurídicos»
Mercedes García Pérez

Nº 4/2002 «Test de dominancia vs. test de reducción de la competencia: aspectos económicos»
Juan Briones Alonso

Nº 5/2002 «Telecomunicaciones en España: situación actual y perspectivas»
Bernardo Pérez de León Ponce

Nº 6/2002 «El nuevo marco regulatorio europeo de las telecomunicaciones»
Jerónimo González González y Beatriz Sanz Fernández-Vega

Nº 1/2003 «Some Simple Graphical Interpretations of the Herfindahl-Hirshman Index and their Implications»
Richard Watt y Javier De Quinto

Nº 2/2003 «La Acción de Oro o las privatizaciones en un Mercado Único»
Pablo Siegrist Ridruejo, Jesús Lavalle Merchán y Emilia Gargallo González

Nº 3/2003 «El control comunitario de concentraciones de empresas y la invocación de intereses nacionales. Crítica del artículo 21.3 del
Reglamento 4064/89»
Pablo Berenguer O´Shea y Vanessa Pérez Lamas

Nº 1/2004 «Los puntos de conexión en la Ley 1/2002 de 21 de febrero de coordinación de las competencias
del Estado y las Comunidades Autónomas en materia de defensa de la competencia»
Lucana Estévez Mendoza

Nº 2/2004 «Los impuestos autonómicos sobre los grandes establecimientos comerciales
como ayuda de Estado ilícita ex art. 87 TCE»
Francisco Marcos

Nº 1/2005 «Servicios de Interés General y Artículo 86 del Tratado CE: Una Visión Evolutiva»
Jerónimo Maillo González-Orús

Nº 2/2005 «La evaluación de los registros de morosos por el Tribunal de Defensa de la Competencia»
Alfonso Rincón García Loygorri

Nº 3/2005 «El código de conducta en materia de fiscalidad de las empresas y su relación con el régimen comunitario de ayudas de
Estado»
Alfonso Lamadrid de Pablo

Nº 18/2006   «Régimen sancionador y clemencia: comentarios al título quinto del anteproyecto de la ley de defensa de la competencia»
Miguel Ángel Peña Castellot

Nº 19/2006   «Un nuevo marco institucional en la defensa de la competencia en España»
Carlos Padrós Reig

Nº 20/2006   «Las ayudas públicas y la actividad normativa de los poderes públicos en el anteproyecto de ley de defensa de la competencia de 2006»
Juan Arpio Santacruz

Nº 21/2006   «La intervención del Gobierno en el control de concentraciones económicas»
Albert Sánchez Graells

Nº 22/2006   «La descentralización administrativa de la aplicación del Derecho de la competencia en España»
José Antonio Rodríguez Miguez

Nº 23/2007   «Aplicación por los jueces nacionales de la legislación en materia de competencia en el Proyecto de Ley»
Juan Manuel Fernández López

Nº 24/2007   «El tratamiento de las restricciones públicas a la competencia»
Francisco Marcos Fernández

Nº 25/2008   «Merger Control in the Pharmaceutical Sector and the Innovation Market Assessment. European Analysis in Practice and differences with the American Approach»
Teresa Lorca Morales

Nº 26/2008   «Separación de actividades en el sector eléctrico»
Joaquín Mª Nebreda Pérez

Nº 27/2008   «Arbitraje y defensa de la competencia»
Antonio Creus Carreras y Josep Maria Juliá Insenser

Nº 28/2008   «El procedimiento de control de concentraciones y la supervisión por organismos reguladores de las Ofertas Públicas de Adquisición»
Francisco Marcos Fernández

Nº 29/2009   «Intervención pública en momentos de crisis: el derecho de ayudas de Estado aplicado a la intervención pública directa en las empresas»
Pedro Callol y Jorge Manzarbeitia

Nº 30/2010   «Understanding China's Competition Law & Policy: Merger Control as a Case Study»
Jeronimo Maillo

Nº 31/2012   «Autoridades autonómicas de defensa de la competencia en vías de extinción»
Francisco Marcos

Nº 32/2013   «¿Qué es un cártel para la CNC?»
Alfonso Rincón García-Loygorri

Nº 33/2013   «Tipología de cárteles duros. Un estudio de los casos resueltos por la CNC»
Justo Corti Varela

Nº 34/2013   «Autoridades responsables de la lucha contra los cárteles en España y la Unión Europea»
José Antonio Rodríguez Miguez

Nº 35/2013   «Una revisión de la literatura económica sobre el funcionamiento interno de los cárteles y sus efectos económicos»
María Jesús Arroyo Fernández y Begoña Blasco Torrejón

Nº 36/2013 «Poderes de Investigación de la Comisión Nacional de la Competencia»
Alberto Escudero

Nº 37/2013 «Screening de la autoridad de competencia: mejores prácticas internacionales»
María Jesús Arroyo Fernández y Begoña Blasco Torrejón

Nº 38/2013 «Objetividad, predictibilidad y determinación normativa. Los poderes normativos *ad extra*
de las autoridades de defensa de la competencia en el control de los cárteles»
Carlos Padrós Reig

Nº 39/2013 «La revisión jurisdiccional de los expedientes sancionadores de cárteles»
Fernando Díez Estella

Nº 40/2013 «Programas de recompensas para luchar contra los cárteles en Europa:
una comparativa con terceros países»
Jerónimo Maíllo González-Orús

Nº 41/2014 «La Criminalización de los Cárteles en la Unión Europea»
Amparo Lozano Maneiro

Nº 42/2014 «Posibilidad de sancionar penalmente los cárteles en España, tanto en el presente
como en el futuro»
Álvaro Mendo Estrella

Nº 43/2014 «La criminalización de los hardcore cartels: reflexiones a partir de la experiencia
de EE. UU. y Reino Unido»
María Gutiérrez Rodríguez

Nº 44/2014 «La escasez de acciones de daños y perjuicios derivadas de ilícitos antitrust en España, ¿Por qué?»
Fernando Díez Estella

Nº 45/2014 «Cuantificación de daños de los cárteles duros. Una visión económica»
Rodolfo Ramos Melero

Nº 46/2014 «El procedimiento sancionador en materia de cárteles»
Alfonso Lamadrid de Pablo y José Luis Buendía Sierra

Nº 47/2014 «Japanese Cartel Control in Transition»
Mel Marquis and Tadashi Shiraishi

Nº 48/2015 «Una evaluación económica de la revisión judicial de las sanciones impuestas por la CNMC
por infracciones anticompetitivas»
Javier García-Verdugo

Nº 49/2015 «The role of tax incentives on the energy sector under the Climate Change's challenges
Pasquale Pistone»
Iñaki Bilbao

Nº 50/2015 «Energy taxation and key legal concepts in the EU State aid context:
looking for a common understanding»
Marta Villar Ezcurra and Pernille Wegener Jessen

Nº 51/2015 «Energy taxation and key legal concepts in the EU State aid context:
looking for a common understanding Energy Tax Incentives and the GBER regime»
Joachim English

Nº 52/2016 «The Role of the Polluter Pays Principle and others Key Legal Principles in Energy Taxes,
on an State aid Context»
José A. Rozas

Nº 53/2016 «EU Energy Taxation System & State Aid Control Critical Analysis from Competitiveness
and Environmental Protection Objectives»
Jerónimo Maillo, Edoardo Traversa, Justo Corti and Alice Pirlot

Nº 54/2016 «Energy Taxation and State Aids: Analysis of Comparative Law»
Marta Villar Ezcurra and Janet Milne

Nº 55/2016 «Case-Law on the Control of Energy Taxes and Tax Reliefs under European Union Law»
Álvaro del Blanco, Lorenzo del Federico, Cristina García Herrera, Concetta Ricci, Caterina
Verrigni and Silvia Giorgi

Nº 56/2017 «El modelo de negocio de Uber y el sector del transporte urbano de viajeros:
implicaciones en materia de competencia»
Ana Goizueta Zubimendi

Nº 57/2017 «EU Cartel Settlement procedure: an assessment of its results 10 years later»
Jerónimo Maillo

Nº 58/2019 «Quo Vadis Global Governance? Assessing China and EU Relations
in the New Global Economic Order»
Julia Kreienkamp and Dr Tom Pegram

Nº 59/2019 «From Source-oriented to Residence-oriented:
China's International Tax Law Reshaped by BRI?»
Jie Wang

Nº 60/2020 «The EU-China trade partnership from a European tax perspective»
Elena Masseglia Miszczyszyn, Marie Lamensch, Edoardo Traversa y Marta Villar Ezcurra

Nº 61/2020 «A Study on China's Measures for the Decoupling of the Economic Growth
and the Carbon Emission»
Rao Lei, Gao Min

Nº 62/2020 «The global climate governance: a comparative study between the EU and China»
Cao Hui

Nº 63/2020 «The evolvement of China-EU cooperation on climate change and its new opportunities
under the European Green Deal»
Zhang Min and Gong Jialuo

Nº 64/2024 «The new EU Foreign Subsidies Regulation»
Luigi Gaetano Pezzotti Picoli

Nº 65/2024 «Artificial Intelligence and European Competition Law
(Inteligencia Artificial y Derecho Europeo de la Competencia)»
Claudia del Olmo Van Woerkom

Nº 66/2025 «La evolución de los mercados de electricidad y el papel de los consumidores con un enfoque en la respuesta de la
demanda»
Yusuf Ercan Özercan

Serie Arbitraje Internacional y Resolución Alternativa de Controversias

Nº 1/2007   «Towards a new paradigm in international arbitration. The Town Elder model revisited»
David W. Rivkin

Nº 2/2008   «Los árbitros y el poder para dictar condenas no pecuniarias»
David Ramos Muñoz

Nº 3/2008   «La lucha contra las prerrogativas estatales en el arbitraje comercial internacional»
José Fernando Merino Merchán

Nº 4/2008   «Due process and public policy in the international enforcement of class arbitration awards»
Stacie I. Strong

Nº 5/2008   «The permanent court of arbitration and the uncitral arbitration rules: current interaction and future prospectives»
Sarah Grimmer

Nº 6/2025   «The Iran-United States Claims Tribunal and its Contribution to the Development of International Arbitration
Law and Practice»
Paula Ruiz Álvarez

Nº 7/2025   «Status of investment arbitration in the renewable energy sector in Spain. Reflections on the regulatory measures and the
Energy Charter Treaty»
Begoña Semmler